基层协商民主与基层政协

许开轶　等著

合肥工业大学出版社

序

社会主义协商民主是中国社会主义民主政治的特有形式和独特优势，是党领导人民治理国家的重要制度基础。党的十八届三中全会明确提出要推进社会主义协商民主“广泛多层制度化发展”，其中发展基层协商民主是重中之重的工作，因为“人民群众是社会主义协商民主的重点。涉及人民群众利益的大量决策和工作，主要发生在基层。要按照协商于民、协商为民的要求，大力发展基层协商民主，重点在基层群众中开展协商”。而人民政协作为社会主义协商民主的开创者和探索者，对社会主义协商民主制度建设起着示范、带动、推进作用，具有鲜明的特点和优势。为了贯彻推进社会主义协商民主“广泛多层制度化发展”这一战略决策，就必须充分发挥各级人民政协作为协商民主重要渠道的作用。基层政协在协商民主建设中的地位尤为突出，研究其主导性作用如何充分、有效地发挥，不仅是一个重要的理论问题，而且极具实际应用价值。

许开轶等同志的著作《基层协商民主与基层政协》，在比较分析的基础之上对中国特色协商民主及其在基层的实践做了全面而系统的分析，着重研究了基层政协协商民主问题。该研究是在理论和实证的两个面向上分为三大部分进行的：

一是基层协商民主理论研究。首先，从协商民主理论在西方的兴起着手对协商民主的概念进行了比较分析，探讨了西方协商民主理论的核心价值及局限；其次，着重剖析了中国特色社会主义协商民主的内涵与特征、形成的基础、发展历程等问题；然后，细致梳理了我国基层协商民主的发展状况，从生成背景、运行特点和价值、局限性和改进思路、对于发展基层协商民主的启示等方面比较分析了浙江温岭模式、广东顺德模式等具有代表性的基层协商民主实践情况；最后，重点分析了基层协商民主的制度认同问题。

二是基层政协的协商民主问题研究。首先，分析了基层政协在我国协商民主发展中的地位和作用；其次，分析了基层政协协商民主的实践历程、发展逻辑、实践旨趣和机制；最后，分析了基层政协协商民主发展的困境与对策。

三是秦淮区政协协商民主实践的案例分析。主要研究了南京市秦淮区政协推进基层协商民主的背景和动因、主要措施、成果与特色、面临的难题、对策与建议等问题。

本书是作者主持的江苏高校哲学社会科学研究重大项目的结项成果，其中部分章节的内容以论文的形式已经在《光明日报》《政治学研究》等重要报刊上发表十余篇，且多篇被《红旗文稿》《人大复印资料》和一些重要的学术网站转载，并获得江苏省哲学社会科学界学术大会优秀论文奖。在本书成书之前，作者又对全部书稿进行了修改和完善，这些都充分说明了本书具有很高的学术水准。

另外，特别值得一提的是，本书对基层政协如何推进协商民主做了专门研究。尽管目前关于政协和政治协商制度的研究成果很多，但大多是从宏观的国家制度层面或传统意义上的资政协商面向上进行的研究，而对基层政协的工作运行情况进行研究的却很少，至于专门具体研究基层政协在中国特色协商民主制度建设和实践中的地位与作用的几乎没有。本书的研究一定意义上可谓填补了这方面的空白，尤其是本项研究以南京市秦淮区政协为研究对象，开展了深入调研，相关内容以调研报告和咨询报告形式呈送秦淮区政协，受到高度评价，对于其改进相关工作具有很好的实践应用价值。

当然，本书亦有不足之处，主要是实证调研选择的面有些窄，只是在南京市秦淮区政协以及相关街道进行了调研，选择的样本偏少，影响了观察的效度。另外，项目的后续研究除了继续思考如何完善基层政协协商民主建设外，可拓展研究基层政协如何通过协商民主建设来助力基层社会治理等问题。

张永桃

2019 年 7 月

目 录

第一章　西方协商民主理论辨析

协商民主既是当下中国民主政治建设的实践问题，也具有重要的理论研究价值，而且只有在理论上阐释清楚其内在的规律性特质，才能使我们对现实问题的探讨具有坚实的理论基础和有效的研究工具。基于如此考虑，笔者把对协商民主一般理论的探讨作为本项研究的起点。需要指出的是，协商民主作为一个明确的理论范畴，是由西方学者首先提出的，中国学界是在引进吸收了西方协商民主概念并结合中国的实践后提出中国特色社会主义协商民主理论的，因此本章拟从深入剖析西方协商民主理论入手来阐明相关的一些学理性问题，为下文的研究奠定基础。

第一节　协商民主理论在西方的兴起

一、现实背景

20 世纪 80 年代末 90 年代初，东欧剧变苏联解体，亨廷顿所谓的第三波民主化浪潮随即席卷全球。众多西方国家为这世界范围内的“民主”进步而欢呼雀跃，一切似乎就像托克维尔在法国大革命之后所说的那样，“不可阻挡的革命波及一国又一国”，对此西方的政治思想家们似乎有理由为这一“民主的时代”而感到满意。福山在《历史的终结》里便宣称，我们已经达到了“意识形态演化的终点，普适性的西方自由民主成为了人类政府的最后形式”①。

① Francis Fukuyama, “The End of History?”, *The National Interest*, No. 16, 1989, pp. 3-18.

然而，在福山所著的《政治秩序的起源：从前人类时代到法国大革命》一书中可以看到，作者很快便修正了自己的“预言”。他写道：“自由民主制今天可能被认为是最合理的政府，但其合法性依赖自己的表现”，“制度的最初出现是为了历史上不确定的原因……如果制度无法适应，社会将面临危机或崩溃，可能被迫改用其他制度。不管是非民主政治制度，还是自由民主制度，它都一视同仁”①。

历史总乐于用现实和经验去嘲讽那些宣称破解了“终极”命题的人，在“民主的狂欢”的背后，则是波黑的内战与种族大屠杀，中东地区民主的褪色和宗教激进主义的流毒。在今人看来，伊拉克战争、利比亚的政权更迭，与其说是“民主”的凯旋，毋宁说是大国博弈的牺牲品，“民主”并未在废墟中建立，这多少有些让“西方的子民”感到失望。然而，西方民主的理论及实践确实从这一片混乱中得以重生，“民主”的内涵和意义也在这一混乱的时代得以完善与超越，协商民主理论便是在这一背景下兴起的，尽管它并不是那般明确和概念分明。

首先，从整个人类政治文明进程上看，协商民主理论是对近代以来发展形成的代议制民主（间接民主）理论的反思。众所周知，20世纪以来，代议制民主在全球取得了历史性的胜利，无论是在资本主义国家还是在社会主义国家，代议制民主（间接民主）都作为民主制度基石而存在，这是因为代议制民主能够在幅员辽阔的国土上实施，以及制宪者发现“由人民代表表达的公众意愿，要比人民自己找机会和提出意见更符合公共利益”②。然而，代议制民主的弊端自古至今都那么显而易见，代表者可能并不会那么忠实地反映被代表者的意愿，甚至有可能因某种目的完全扭曲和背离其所代表群体的意愿；更有甚者，代议制民主最关心的是如何制定更具约束力的政治决策，并为之披上一层“公共意志”的外衣而使自己的政治合法性更为充分。这类委托代理问题自然是所有将民主本身视为目的的理论家们和公民所不能容忍的。

---

① ［美］弗朗西斯·福山著，毛俊杰译：《政治秩序的起源：从前人类时代到法国大革命》，广西师范大学出版社2012年版，第472—473页。

② ［美］亚历山大·汉密尔顿、约翰·杰伊、詹姆斯·麦迪逊等著，张晓庆译：《联邦党人文集》，中国社会科学出版社2009年版，第53页。

其次，单从西方的视角来看，协商民主理论又可以说是对自由民主规范实践的批评。当代议制民主与每个公民所掌握的一系列权利相关联时，它就变成了自由民主（或者说是竞争性民主），这些权利中最重要的包括言论、表达和结社自由，以及免受政府随意权力干涉的自由。然而，自由民主制度比起概念更为简单的代议制民主更加使人头疼。理论家发现，传统竞争民主模式主要关注的选举、多党政治、三权分立和制衡，都在不同程度上出现失灵。投票率的低下，使大众参与成为笑话；政党分肥或政党相互攻讦，使民众受到蒙蔽，成为玩偶；“公共领域”受到操控，真正的社会大众被排挤在民主的实质性活动之外；而高度竞争性的选举除了竞争本身，却并没有什么启发作用和实质意义。当然，也许以上在那些熊彼特式的民主人士眼里都不是什么问题，但我们再留意到议会党团正逐渐成为“国会权势集团”“基本决定了国会将要做的事情”[①]，美国总统正成为“帝王般的总统”，“总统权力的逐步升级，发展到几乎无法遏制的地步”[②]，恐怕那些坚持最消极意义上的民主权利的自由民主主义者们也再难以坚持其犬儒主义立场了，毕竟谁都明白当权力变得无可阻挡，那自由的权利也不过是一种自我安慰的梦话。而对于自由民主主义而言，最大的问题则正如詹姆斯·博曼所指出的那样，“目前的安排损害了民主的最重要的原则：现今的政治实践建立在可致社会分裂的自利性的政治理论之上，它们不去改变社会和经济权力的不平等分配的状况……几乎都依靠的是纯粹集合性的、片段式的、僵化的决策形式，使得对社会和经济进行更新的深层结构性问题无法得到解决”[③]。这是建立在资本主义核心理念之上的自由主义民主不可回避的问题。

最后，如果我们仅仅认为协商民主理论的兴起不过是对当下政治形式的一种针砭时弊，甚至仅仅认为这只是西方政治思想家们对于西方政治文明发展的摸索和思考，那就大错特错了。最重要的是任何一个国家的政治

---

① ［美］托马斯·戴伊著，梅士译：《谁掌管美国——卡特年代》，世界知识出版社 1980 年版，第 103 页。

② 刘富起：《分权与制衡论评》，吉林大学出版社 1980 年版，第 87 页。

③ ［美］詹姆斯·博曼著，黄相怀译：《公共协商：多元主义、复杂性与民主》，中央编译出版社 2006 年版，第 1 页。

制度都植根于所处的社会生态环境，尽管各国的国内环境不尽相同，但整个人类社会生态圈是一个整体，科技的进步与互联网时代的到来，全球化的经济伴随而来的是个人的原子化与其社会角色普遍多样化的共存，以及人类文明从未抹去且愈趋紧张的“认同与差异”间的张力。这些都是“普世性”的，刻不容缓的，是时代进步要求的，而这些才是协商民主兴起和得以发展的最重要的土壤。

民主的发展对于政治是一个永恒的命题，也是世界上所有国家都需要面临的问题，没有道理仅仅将协商民主理论看作是一种西方文明的单方面摸索，从理论上以及事实上，西方思想家在探求协商民主理论的时候，也不可能忽视西方之外的世界。协商民主是对世界民主文明发展的一种回应，它有来自西方概念中的“骨骼”，也有来自西方之外政治摸索和政治经验的“血肉”，正如西方自由民主制度，亦是一群日耳曼和凯尔特人将失落几个世纪的罗马法、失落更久的雅典民主制以及日耳曼等民族的原始民主传统，在封建时代的“大宪章”的推导下，为了迎合世界资本主义时代的到来和发展而逐渐形成的。这自然绝不是当年相互敌对争斗的罗马人、希腊人和日耳曼人所能预想到的。

二、理论溯源

与起源于经济学和理性选择理论并在近代以来占据主导地位的聚合民主模式相比，协商民主的理念，或者说通过自由而平等的公民之间的讨论进行决策的观念，是过去 30 多年来民主理论极为重要的发展。然而，正如众多评论家所认为的那样，这种发展并非来自现代创新，而是一种早期民主制下公民资格概念的复苏，如埃尔斯特所言：“协商民主的观念及其实际应用与民主本身有着同样长的历史。它们都是公元前 5 世纪在雅典产生的。”①

尽管雅典式的民主在公元前 322 年走到了尽头，但是在大约 2000 年之后，随着民主政府的重新出现，植根于代议制民主而不再是直接民主的政治协商的本质和功能，又一次成为民主合法性的重要组成部分，但同时又引入

① ［美］约·埃尔斯特主编，周艳辉译：《协商民主：挑战与反思》，中央编译出版社 2009 年版，第 2 页。

了新的问题。当代民主政治经常为一种焦虑所困扰：在代议制的前提下，民主应当被看作一种目的还是手段？民主应该以何种重心加以表现？

一种观点认为，政治参与有它自身的价值，它是公民自我实现的基本模式，因此任何范围的政治约定都应当得到赞赏。为了保护民主的真实性和纯粹性，应当强调有限授权，即必须有对代议制下代表们可能背离公民心意的趋势加以控制的一系列措施，而民主的重心应当是保证民主的纯粹，以及最大范围内的人民的真实民主权利的实现。

而另一种观点认为，民主政治应当被理解为一种手段和工具而非目的。民主是保护公民防止被统治者及彼此伤害的工具，是为了确保一种健康的政治结构的存在，以及能够持续产生明智且负责任的精英群体来做出重大公共决策的手段。因此，民主的重心应当是保证民主决策结果的科学性和合理性。

在这里，代议制所扮演的角色其实是尴尬的，在第一种观点里相比于直接民主，代议制给予人民的真实民主似乎更少一些，显然代议制是阻碍最为广泛的政治参与和表达的，同时它也削弱了公民对于代表者的控制；而在第二种观点里，投票产生的代表似乎又不能完全胜任做出理性决策这一职责，毕竟单纯的投票，同样有可能产生出狂暴的独断者或者妖言惑众的野心家。对于第一种观点和代议制之间矛盾的修正，是卢梭的集体决策概念，即所有公民们应当在彼此隔离的状态下形成其偏好并投票，这样便是最为真实的民主的实现，但在现实的政治制度中，这一理想从来没有实现过。而对于第二种观点与代议制（票决民主）之间的矛盾的修正，则是强调协商的概念。

但无论是基于柏拉图式的恐惧抑或对纯粹的多数人的统治本身可行性（大多数的意见往往又是庞杂矛盾的）的怀疑，还是基于对公共理性所能带来的现实幸福的追求，有限控制的方案（针对上文第一种民主理解）出现的同时便被认为与民主的协商本质（针对上文第二种民主理解）相冲突而遭到了否定。在英国，伯克在对布里斯托尔选民的演讲中解释道："你们的代表需要向你们提供的不仅仅是他的努力，而且包括他的判断；如果他因为你们的意见而牺牲了自己的判断，那么他不是在服务你们，而是在背叛你们……在议会中，应该成为导向的不是局部的目标，也不是局部的偏见，而是源于全体人民的普遍理性的普遍的善。”① 同时在法国，西耶斯也宣称：“国家的意愿不能通过考虑不满者的报告以及代表们带到凡尔赛来的请求而决定。同样，有限的授权不能够被视为国家意志的表达”。“那种通过投票，哪怕是所有人的投票而形成某种‘公共意志’无疑是荒谬的，因为它缺少协商和商讨的因素。”这里面隐藏的逻辑，正如上文所述，对代表进行控制从而将其陷入对其大多数选民所负有的责任中的做法，不应作为民主的核心，尽管使每一个人的民主权利得以实现是重要的，使每一个人的自由意愿得到表达也是值得肯定的，但是民主制度的最重要的价值并不在于机械地遵循绝大多数人的意愿，或者说使绝大多数人的自我主张得以实现，而是一种基于民主程序的公共理性的实现，一种形成以全民普遍理性中得出的整体利益为导向的政治生态。正因为在为了实现后者所追求的目标的逻辑基础上，协商在民主统治中的地位才会显得如此重要。而在19世纪的政治思想中，约翰·斯图亚特·密尔则更是“经由讨论的统治”（government by discussion）最早的提倡者，而密尔为“代表模式”辩护的依据便是“如果代表致力于与其他代表的意见交流，那么一个代表‘将更有可能纠正一个原本错误的判断’……它培育了自我修正的能力”②。在密尔看来，人类是易于犯错的，而协商可以纠正错误的判断，从而减少认知错误的产生③。由此可以看出，民主的重点不在于是否存在代表，而在于是否存在讨论，通过在自由、平等和理性的行为者之间就目的而进行充分的协商，在这一进程中既对占多数的大众进行了限制，避免了多数人暴政，又使多数原则有效，使多数人的合理的主张能够实现，而这一进程便获得了最为充分的民主合法性。

当然，休谟主义者依然有足够的理由辩驳，因为对于坚持“理性是，也只应该是情感的奴隶”这类观点的人来说，他们不会承认协商会对各种

① Philip Kurland and Ralph Lerner, “The Founders’ Constitution”, *Ethics*, 1988, Vol. 99, No. 1, pp. 147–154.

② Stephen Holmes, “Gag Rules or the Politics of Omission”, in Jon Elster and Rune Slagstad eds., *Constitutionalism and Democracy*, Cambridge: Cambridge University Press, 1993, pp. 19–58.

③ Mill, John Stuart, *Consideration on Representative Government*, Cambridge: Cambridge University Press, 2010, pp. 1–16.

规范性问题产生影响。如果一个人或者代表受派系利益或短期利益的驱使，那么无论多少协商都无助于其采取公正的立场。在20世纪后半叶，罗尔斯和哈贝马斯从不同角度对这一观点提出了自己的质疑，前者提出“反思的平衡”来试图说明道德协商的可能性，而后者则提出“理想的对话情境”来假设既允许对目的又允许对手段进行协商的可能。由于上述两者的观点都被镶嵌在一个极为复杂的理论体系当中，所以这并不是本书试图或者说有能力讨论的范畴，关于休谟主义者的辩驳，笔者有自己的回应，这在后文中会有体现，这里便不再赘述。

由此，协商民主的观念，可看作是在探寻确保民主实现的最佳途径以及证明民主实现的表现形式的激烈和长期的历史争论中出现的，并不时地围绕着民主的核心是什么、民主的价值何在等一系列规范性的根本问题展开讨论。我们再简单地整理其主要脉络：首先，民主是必要的，是政治合法性的源泉，但这一民主不是仅仅依靠其本身作为目的而拥有合法性，而是以其能实现公共善为基础。其次，自古至今民主模式存在着一个问题，即确立统治者对被统治者应负有的责任和扩大民众参与公共生活各方面范围之间的张力。再次，雅典式的民主控制会带来多数人的暴政，而多数人意愿的直接表达也不具有可行性，同时单纯的票决民主无法有效地避免“独裁者和野心家”的产生，政治容易被少数人操控。最后，为了保证多数原则能够有效避免独裁，同时实现公共理性以及真实的公共善，避免多数人不受约束的欲望和来自现实的无知与短见，协商在民主程序里显得尤为重要。就此，我们的脉络便只能止步于此。什么是协商民主政治模式的基本特征？除了协商这一颇具抽象性的表述，它的具体特征是哪些？协商到底是怎样的程序和流程，它的具体原则又是哪些？对于这一系列的问题，在协商民主的捍卫者同盟的领军人物之间其实是存在分歧的，而且这些分歧还并不细小。

第二节　协商民主的概念之争

行文至此，我们并没有明确地给出协商民主的概念。什么是协商民主？我们只能说首先且最重要的是，民主意味着某种形式的公共协商。而更为具体的内容，协商民主理论家们之间的分歧有时候比他们与其他民主形式理论家们的分歧还要大。事实上，除了在批评传统民主模式上外，协商民主理论本身从来都不是铁板一块，也绝不只有一种理论，甚至说不同的协商民主理论也许在逻辑体系上就大相径庭。

一、关于协商民主理念的争论

诺埃里·麦加菲在《民主协商的三种模式里》中提出了人们存在着三种协商民主模式的认知。

第一种，以偏好为基础的协商民主模式。这一模式源于社会科学，主要是通过政治科学对经济学语言和理论结构的借鉴而实现的，它的代表人物是埃尔斯特和费斯金。在摒弃了“个体偏好是前政治地定型的，这些偏好主要是利己主义的，由于理性的无知，个体偏好是在信息不充分的情况下形成的，每个个体的一组偏好终归是不连贯的”等政治科学中的悲观主义之后，这种模式的理论家们认为可以将协商作为一种转变个体偏好的手段，或者将其作为帮助人们发展出更有见地、更具反思性，也更深思熟虑的意见的工具。在以个人主义为核心的民主观的基础上，协商民主可以理解为这样一种民主模式，即民主作为一种治理方式，它可以通过协商来改变偏好，并使之成为公共政策的基础；同时，它又要保证其自身的实质性，个人的“自主”不能受到来自任何其他的人的不适当影响。

第二种，理性的程序主义协商模式。这一模式区别于前者的社会科学理论，而来源于纯粹规范取向的哲学探索。它的核心在于“何为好的理由、何种类型的程序才能保证好的结果”，它的代表者是哲学家罗尔斯和哈贝马斯。在这种模式中，协商是个体借以表达对集体决定某些政策是否合法等问题的态度的一种方式。秉承着政治选择想要具备合法性必须是“自由、平等而理性的行动者对各种目标进行协商的结果”这一程序或者说逻辑，这一模式旨在将协商过程构筑成一个基于“理性”和“真正的自主观”的公共政策的决策模式，更准确地说，“在理想条件下，各项政策都是由全体公民自己制定的”①。当然，尽管这里用的是“程序主义协商模

① 谈火生主编：《审议民主》，江苏人民出版社2007年版，第54页。

式”的表达，但是事实上它和前者一样依旧包含了自身的民主观。换句话说，这种协商模式一样强调了特定民主的实质性，而并非单纯的程序性。

第三种，综合的协商民主模式。区别于上述两种模式，第三种模式来自麦加菲对于现实政治协商实践的观察和总结，其代表人物是马修斯、巴伯和波伊特。按照综合模式的理解，协商是指人民通过共同商量来影响各种公共问题及相关政策制定的过程。在这一模式的逻辑中，协商是多重的、异质的视角的综合，而协商的参与者则是要通过对各种视角的审视来相互了解，从而明晰不同政策可能带来的后果。这一协商民主模式的指向，是试图通过协商激发其参与者将利益寓于政治共同体的福祉之中，追求的不是唯理性（rationality），而是理解之可能性；不是将协商民主的意义立足于狭隘的“自主”的实现，而是将“参与”本身当作协商民主的核心。

正如麦加菲所言，上述的划分旨在分析协商民主各理论学派在其目标与定位上的关键性差别，而事实上，哪怕是主张理性的程序主义协商模式的罗尔斯和哈贝马斯之间，关于实质民主和程序民主的重要性排序上一样也存在着差异。这并不是说二人在观点上绝对对立，而是说我们无法忽略像“民主协商是否置于个体权利之上或者之下”此类民主观的差异。此外，也存在着社群主义协商民主、自由主义协商民主这类的划分①，更有甚者，诚如何包钢所言，当代协商民主甚至可以依据其民主观划分为两大流派，即以自由宪政主义为框架的“传统民主的完善派”，和以批判理论为起点的“民主进步的激进派”②。

在国内，对于协商民主最权威的阐释来自陈家刚先生，作为国内研究协商民主的大家，他认为协商民主是一种民主治理形式，“协商民主就是基于人民主权原则和多数原则的现代民主体制。其中，自由平等的公民，以公共利益为共同的价值诉求，通过理性的公共协商，在达成共识的基础上赋予立法和决策的合法性”③。但笔者并不认可其将协商民主视为“自由

① ［美］梅维·库克：《协商民主的五种观点》，转引自［南非］毛里西奥·帕瑟林·登特里维斯主编，王英净译：《作为公共协商的民主：新的视角》，中央编译出版社2006年版，第18页。

② 何包钢：《协商民主：理论、方法和实践》，中国社会科学出版社2008年版，第21—22页。

③ 陈家刚：《协商民主与国家治理》，中央编译出版社2014年版，第14页。

民主发展到一定的程度的产物”[①] 这一观点，因为这种认知有可能使对协商民主的研究陷入如西方学者一样的困境中（后文中会详细表述）。当然，也有学者尝试过抛开一切泛哲学的价值基础，将协商民主进行分类。例如，按照历史时期的不同，划分为古典协商民主、共和主义协商民主、代议制协商民主和现代协商民主；按照规模和形式的不同，划分为微观协商民主、宏观协商民主；按照价值目标和实际过程的不同，划分为预先承诺型协商民主、对话程序型协商民主[②]。这种分类的好处是，我们可以更加客观和中立主义地去理解协商民主。

二、笔者的分析和思考

在笔者看来，当下围绕协商民主的概念之争，可以被分为四类。第一种类别认为，协商民主是一种决策方式。如埃尔斯特说，协商民主是自由平等的公民通过讨论做出决策的过程，追求的是理性的决策。第二种观点侧重于观念形态。博曼和雷吉认为，协商民主是一种观念，即合法的立法来自公民的公共协商，它代表基于公民实践推理的政治自由理想，追求的是民主所带来的政治合法性。第三种观点认为，协商民主是一种团体组织或政府形式。科恩指出，协商民主是其成员通过公共协商支配自身事务的社团，其中通过公共讨论和推理来保证规则的正当性和社团条件的存在，这里的逻辑是协商带来了团体及其规则存在的正当性。第四种观点把协商民主看成一种民主治理形式。瓦拉德斯认为：“协商民主是一种具有巨大潜能的民主治理形式，它能够有效回应文化间对话和多元文化社会认知的某些核心问题。”[③]

埃米·古特曼和丹尼斯·汤普森在对协商民主特征进行分析的基础上，也提出了协商民主的概念：“协商民主可以被界定为这样一种治理形式：自由而平等的公民（及其代表）通过相互陈述理由的过程来证明决策的正当性。这些理由必须是相互之间可以理解并接受的，审议的目标是做出决策，这些决策在当前对所有公民都具有约束力，但它又是开放的。随时准备迎接

① 陈家刚：《协商民主与国家治理》，中央编译出版社 2014 年版，第 15 页。

② 韩冬梅：《西方协商民主理论研究》，中国社会科学出版社 2008 年版，第 30—42 页。

③ Jorge Valadez, *Deliberative Democracy*, *Political Legitimacy*, *and Self-Democracy in Multicultural-Societies*, New York: Routledge, 2018, pp. 30-40.

未来的挑战。”[①] 上述观点则是突出表现了协商所导致的理性（决策）是对于当代民主不足（适应多元化、防止多数的盲目等等）的补充。

笔者的上述分类是有考量的，正如埃尔斯特对众多学者的定义进行的总结。他认为，所有的定义都具有一个突出的核心含义，即“所有人都同意该观念涉及集体决策。而所有将受到这一决策影响的人或其代表都参与了该集体决策：这是其民主的部分。同样，所有人还同意该观念涉及经由争论进行的决策，这些争论既来自参与者，也面向参与者，而这些参与者具备了理性和公正这样的品德：这是其协商的部分”[②]。也就是说，协商民主的概念其实核心在于两部分：一是民主保证其公共性，二是协商保证这一民主存在的合理性。两者相辅相成，缺一不可。这里面暗藏着不同于一般民主理论的、有关民主之所以正当的逻辑。这一点很重要，也是笔者之所以认为协商民主并非是单纯的关于西方自由民主模式的完善产物的重要原因之一。

至此，以上对于不同协商民主理论进行的描述，并不是为了逃避我们在这里对于协商民主的概念进行定义；相反，笔者试图通过理解协商民主概念的复杂性，从而使我们跳出协商民主这一“舶来”概念的“西方的”“自由宪政的”等思维定式，把握最简单和普遍意义上的协商民主的概念。下一节，我们将具体总结出协商民主的种种核心价值，立足于价值中立的立场，使这些价值尽可能地做到“去西化”和符合一般的价值模型，并从中得出更为适用（中立）的协商民主的概念。

第三节　协商民主的核心价值及其理论局限

协商民主作为一种新的政治理念和政治实践形式，有其独特的价值要义，这也是其得以存在和发展的基础。我们应当辩证地看待这一理论，在肯定其积极意义的同时，对其理论局限也须有清醒的认知。

---

① ［美］埃米·古特曼、丹尼斯·汤普森：《审议民主意味着什么?》，载谈火生主编：《审议民主》，江苏人民出版社 2007 年版，第 16 页。

② ［美］约·埃尔斯特主编，周艳辉译：《协商民主：挑战与反思》，中央编译出版社 2009 年版，第 9—10 页。

一、协商民主的核心价值

上文中我们了解到协商民主理论是一个复杂的体系，其中包含了诸多存在差异甚至大相径庭的观点。因此，笔者通过比较和分析全世界范围内的关于协商民主的观点，考察其异同点，大致提取出协商民主中蕴含的价值要素，具体如下表所示：

<table>
<tr><th>背　景</th><th>共同的价值追求</th><th>不同的价值追求</th></tr>
<tr><td rowspan="3">1. 多元社会的政治现实
2. 政治合法性的要求
3. 对于更好、更多的“公共善”的追求（更有效的国家治理机制）</td><td>公共性</td><td>多元还是共识优先？</td></tr>
<tr><td>理　性</td><td>协商是工具性的还是表达性的？</td></tr>
<tr><td>包容性</td><td>民主是程序性的还是实质性的？</td></tr>
</table>

正如表中所示，笔者列出了关于协商民主价值的基本要素。笔者之所以没有直接总结协商民主的诸多价值，是因为关于协商民主的价值一直都是一个争论不休的话题，但大体上还是能针对该问题总结出上表。笔者认为，公共性、理性和包容性是所有协商民主倡导者的共同追求，而在三个方面，不同的协商民主倡导者又存在着不同的价值追求，它们是“公共性的基础是保护多元还是追求共识”，“所谓协商是作为一种工具性的决策手段，还是一种用以表达公民相互尊重和权利的规范”，以及“这里的民主主要指民主的程序还是实质性的民主”。下文中笔者对以上共同的价值追求做简单的阐述（因为此类的阐述已很普遍），并对后面三个方面的不同主张给出自己的看法，而这些分析阐释便构成本书对于协商民主内涵的总结。

（一）共同的价值追求

1. 公共性

正如瓦拉德兹所说：“公共协商的主要目标不是狭隘地追求个人利益，而是利用公共理性寻求能够最大限度满足所有人需求和利益的政策。”① 事

① ［美］乔治·M. 瓦拉德兹，何莉译：《协商民主》，《马克思主义和现实》2004 年第 3 期，第 36 页。

实上，所有的协商民主追随者都强调公共性，毕竟现代政治的目的便在于最大可能地寻求某种公共善的理念深入人心。具体到协商民主的公共性，则主要体现在三个层面：首先，协商民主所处的环境应当是公共的，协商民主所处的环境应当是开放的。它面向全体公众或者与其有关的所有公众，而非私人团体的秘密集会，不管怎么说，每个人在协商过程和影响决策的机制中的表达权应当是平等的；同时，最大程度上任何影响协商的信息应当是人人都有平等的知情权。其次，协商民主所涉及的话题应当是公共的，协商所涉及的话题不应是私人的或是小团体的。换句话说，当且仅当所有的协商参与者都是协商议题的利益相关者时，这样的协商才被认为是有效的。再次，协商民主的参与主体应当是公众。公众应当作为协商民主的参与主体，这并非是说所有公众都对协商结果产生绝对的影响力，而是说每个公众主体都对协商结果能够产生基于自身理由的理性的影响力。换句话说，对于协商民主过程中形成的决策，并不要求所有公众都满意，而是要求所有公众都明晰得出这一决策的逻辑或者理由，并在此过程中表达出自身的看法。

2. 理性

理性是协商民主的核心价值，可以说，正是由于重视理性的价值，才能将协商民主与票决民主区别开来。基于阿罗不可能定理，建立在讨价还价和投票之上的票决民主模式必然不会是有效的，更因为单纯地强调个人偏好的优先地位的这一个人主义理念并不能被社群主义者或者其他非自由民主主义者所接受，票决民主也就无法符合所有民主主义者对于民主具体形式的期望。对于现实政治的参与者而言，比起强调个人偏好的优先地位以及票决民主容易被利益和激情所驱动的现象，理性更加被看重，因为政治决策首先应当是理性的，且不应当被任何私人利益和激情所干扰。

需要说明的是，这里的理性包括两种：一是决策结果的理性；二是决策过程的合理性，也就是马克斯·韦伯所说的工具理性和价值理性。协商民主的理性强调的是过程的理性，即协商本身应当是理性的，参与各方在提出、反对或者支持某一观点时，都需要陈述理由，同时参与各方对于协商决策的结果施加的影响力是基于哈贝马斯所说的“更好观点的力量”，而并非依赖其社会经济资源或政治权力所产生的影响。笔者认为，在这里，过程的理性和结果的理性是不矛盾的，倘若协商的过程是真正理性的，那么协商的结果必然是理性的，至少其中若存在变故（决策并不理性），则绝不会是协商的过程是理性的这一原因导致的，因为这里证明观点的理由一定是要面向公共利益的，而并非面向个人偏好的。

正因为如此，在现实政治生活中，我们同样可以说，协商民主的核心价值是可以保证我们做出理性的决策。这里关于协商和理性之间具体的逻辑关系，后文将详细表述，此处我们先一笔带过。总的来说，协商民主的理性追求切实地满足了公众的需要，那就是“他们在给出理由的同时，希望那些理由（而不是诸如权力）将决定其观点的命运”[①]，往往这比在最终决策中单纯地满足每个公众的偏好更具“正义”性，也更能够使每个人接受。

3. 包容性

诚如上文所言，公共协商的过程，旨在通过所有利益相关者持续的讨论与合作、交流，从而防止非理性，并做出具有可逆性和反馈机制的决策。一般而言，协商民主和决策越有包容性，公民就越容易克服其短视倾向和种族中心主义[②]。因此，包容性是极为重要的。这不仅因为包容性是将协商民主与精英化协商（精英独大）和威权性咨询（政府独大）区别开来的特征，体现的是民主的真实性，还因为包容性能够促进理性的真实性，而后者与前者的意义是不存在高下之分的。这里需要说明的是，正因为协商民主的包容性不仅追求的是体现民主的包容性，更蕴含着对理性的追求，因此尽管包容性包容的是公民的希望、计划和利益，但却不能说是所有的希望、计划和利益，否则便会陷入排他性的差异所必然导致的无限纠纷中。

关于协商民主的包容性，应防止这样的观点：某一团体和个人的利益比其他团体和个人的利益重要；同时应坚持这样的观点：公共的利益要比所属其中的任何一个团体和个人的利益都重要。协商民主的过程是希望

① ［美］杰拉德·高斯：《理性、正当性和共识》，转引自［美］詹姆斯·博曼、威廉·雷吉主编，陈家刚等译：《协商民主：论理性与政治》，中央编译出版社2006年版，第151页。

② ［美］詹姆斯·博曼著，黄相怀译：《公共协商：多元主义、复杂性和民主》，中央编译出版社2006年版，第89页。

“其参与者共同寻找某种路径，使不同的、有时相互冲突的利益和欲望相互融合”①。这是协商民主的包容性的体现，但区别于自由主义民主。这不是通过某种博弈和讨价还价实现的，它的基础并不是参与者基于人数、社会影响力的妥协，而是理性的磋商，是以公共利益而不是每个人的偏好为依归的。既然追求的是理性的磋商，协商民主的包容性便是有限度的，准确地说是有所指的，即“某种路径”指的是“公共利益最优实现”，因为只有在公共利益第一的前提下才能通过磋商得出公共理性的“最优解”，而在个人利益第一的前提下，无论如何磋商都是无法得出满足所有人的个人理性的“最优解”，最终为了妥协，后者便只能回到博弈和讨价还价的老路上来。

（二）不同的价值追求

1. 多元还是共识

不同的协商民主倡导者对于多元还是共识有着不同程度的侧重，“多元主义导向的协商民主将多元主义视为人类情况的一部分，而共识导向的协商民主则将其视为一个需要通过协商来加以克服的严重政治问题，这两种观点在深层次上根本无法调和”②。古特曼和汤普森给出的答案是“道德缩减原则”，他们认为“如果公民们能在保持他们的核心道德承诺的同时，努力澄清并前置其审议性分歧，那么，民主政府的治理将不仅是有效的，而且在道德上是成功的。……和共识型审议民主对于全面共同利益的追求相比，这样的观点更宽容，也更现实”③。古特曼和汤普森的观点是合理的，但并不意味着放弃追求共识。如果说协商的目的仅仅是让桀骜不驯的多元主义得以和平共处，那么按照罗伯特·达尔的看法，自由主义民主模式已然做得足够的好了。协商自然是为了追求共识，首先，协商的首要目标是证明政治决策的正当性，这至少应追求一种对于公共利益的共识。其次，协商的次要目标是证明政治决策的工具理性，

① ［英］马修·费斯廷斯泰因著，王勇兵译：《协商、公民权与认同》，《马克思主义与现实》2004 年第 3 期，第 44—52 页。

② ［美］埃米·古特曼、丹尼斯·汤普森：《审议民主意味着什么?》，载谈火生主编：《审议民主》，江苏人民出版社 2007 年版，第 20 页。

③ ［美］埃米·古特曼、丹尼斯·汤普森：《审议民主意味着什么?》，载谈火生主编：《审议民主》，江苏人民出版社 2007 年版，第 21 页。

而正如前文所言，也只有在公共利益的前提下，才存在“最优解”的工具理性。

笔者认为，其修正的并非是保护多元或全面共识，而是共识的范围。完全属于公共利益概念的领域应当全面地追求共识，如国防、税收、公共教育医疗等等，尽管这种共识永远都不会是来自所有人。而次级的政治利益概念，如区域经济发展、同性恋、宗教信仰，则可以采取“道德缩减原则”。换句话说，那些能够归属于个人与个人之间的道德分歧的问题，往往都不是问题，因为正如多元主义者所设想的那样，人民往往可以把这些分歧放到一边，重点是个人与个人的利益分歧，甚至是个人与群体之间的利益分歧，以及个人与群体之间的道德分歧。这些往往联系到最根本的分歧，涉及最根本的世界观、人生观和价值观。在这里，任何一个有着共和主义和社群主义传统的人都会强调共识，正如任何一个坚持自由主义和个人主义传统的人都会强调多元一样。多元还是共识？在很多时候其实并不矛盾，而在最关键的环节上，它们的矛盾有时不可调和，这无关对错，只关立场。笔者这里坚持的是共和主义和社群主义的立场。

2. 工具还是表达

协商民主理论家对于协商民主的性质也有分歧，作为达成理性决策的手段，协商民主是仅仅具备工具性价值，还是它本身也具备表现的价值，因此才能彰显民主？现实情况中，这两种关于协商民主之价值的看法远非前文中关于多元还是共识的问题那样“水火不容”。事实上，任何一种适当的理论，都具有工具性和表达性两个方面，这源自人类对于“工具理性”和“价值理性”的两方面的追求。

在笔者看来，协商民主的工具性价值应该放在更为突出的位置，因为就单纯的表达性价值而言，在民主的诸多模式中，远有比协商民主模式更能表现这一点的。理性作为协商民主的核心特征，为了实现决策的“有效性”，工具理性的价值毋庸置疑。同时，表达性也应该同样受到重视，这基于两个方面的考量：一方面来自民主的要求，仅仅强调工具性，会使民主变得虚假，政府官员可以通过声称他们已经知道某项决策有益于人民便进行了决策；另一方面来自实践的必要，无论是为了使决策拥有合法性，还是为了使决策更经得住实践的检验而引入表达来实现反馈。因此，表达性和工具性是不矛盾的。实践证明，充分尊重公民们的表达性要求，是使决策变得更为“有效”的重要环节，任何决策都需要得到一定程度上普通民众的接受才能变得有效。可以说，表达性同样具有工具性的价值。

3. 程序还是实质

最后一个比较大的分歧则比前两者似乎更容易解决一些。这一分歧是：协商民主原则的性质应当倾向于程序性质，还是实质性质？这里用“倾向”一词的原因在于，从现实看，纯程序主义者和纯实质论者都是不存在的。正如古特曼和汤普森所言，“程序原则和实质性原则本身都要接受民主的审议，至少应面对如何解释、如何应用的质疑。如果它们不经过民主审议即作为道德与政治的权威原则提将出来，那无疑是在盗用合法的民主权威”①，也就是说一切都回到了原点，回到了“最初的”道德与政治的权威原则上来。寻找这个原点，罗尔斯的办法是“无知之幕”，这是一种夹杂着“功利主义”某些原则的自由主义逻辑，得出的结论从结果上看是实质比程序更符合“无知之幕”对原点的设定，因此个体权利优先于审议。而另一部分人，如哈贝马斯则宣称，无论人权还是人民主权都无权宣称自己优先于民主审议，这个观点更能被社群主义者乃至共和主义者所接受，也就是说在他们眼里，民主审议高于个体权利。

本书无意追寻这一原点的痕迹，从而找到是更倾向于程序还是实质的理由，因为这个议题太过庞大复杂。笔者更乐于站在前人的肩膀上，直接得出对于协商民主是程序还是实质问题的看法。这里笔者沿用了哈贝马斯的观点，即民主审议的程序高于个体权利之上，“哪怕人权和主权谁都不优先于对方”，至少在尚属纷争的人类和国际社会，人民主权的价值从现实性的角度看是比个体权利更急迫于受到维护的，不同的是这里的人民主权并非是以一个抽象的概念而存在的，而是作为一个具有现实价值主体而体现的。换句话说，它是真实的公共利益的体现，是每一个个人利益和权利的共同之处和根本基础的体现，在绝大多数时候，它表现为业已存在并

① ［美］埃米·古特曼、丹尼斯·汤普森：《审议民主意味着什么?》，载谈火生主编：《审议民主》，江苏人民出版社2007年版，第18页。

受到国际承认的民族国家，而非某种孤立的群体意识。

综上所述，我们大致找到了协商民主的核心价值和一系列争议价值，但我们只能由此说“协商民主的价值是综合的”①。倘若我们还要去追寻更为一般意义上、中立且客观的协商民主概念，在笔者看来以上的表述还不够，我们还有必要去考察西方协商民主理论中的局限。只有如此，我们才能更加清晰地把握那些对协商民主理论的发展造成干扰的逻辑。

二、协商民主理论的局限

在这部分中，笔者将探讨当代西方协商民主理论的局限。这是因为，虽然协商民主有着古老的关于民主实践逻辑的传统，而且协商政治其实是一个世界范围内都存在的政治实践概念，但毕竟协商民主是在当代西方理论界形成的一个较为完善的理论体系，遑论对于东方而言，“民主”一词本身便是一个“舶来品”。我们知道，西方协商民主理论是近几十年来作为一种批判理论而形成的，从它诞生之日起，对协商民主的怀疑和批判自然也不会少，对于其存在的价值，也就是其正当性和实践意义自然是这些批判共同的对象。不过，这些批判的角度则各有不同，可以大体地分为来自现实主义的批判和来自制度主义的批判。

来自现实主义的批判，首先对协商民主的实践可能性和意义提出质疑，认为参与者事实上的不平等、协商对参与能力的高要求和参与者信念差异等原因都会导致协商的精英化取向，无论是过程还是结果都会如此；认为协商更会从某种程度上发现和鼓励了更多的分歧，从而会产生更加糟糕的后果，最后非但不能达成共识，反而可能造成政治的不稳定；而伪装、政治欺骗的可能也并不无可能，再怎么完善的协商过程都得依靠票决的形式来得出结论，而阿罗不可能定理早就揭示了完美的票决选择机制（稳定、公平又不存在操纵和专断）是不存在的。

来自制度主义的批判，则围绕协商民主程序的排他性、对差异个体的自由的压制和追求“既定的统一”本身便存在的“不正义”而展开，无论是出于对个体差异是否能成为统一共识的不信任，还是出于对个体差异竟

① 高建、佟德志主编：《协商民主》，天津人民出版社2010年版，第4页。

然要被粗暴地纠合成既定的统一共识的恐惧，站在维护弱势群体在民主参与中应当拥有的平等待遇的角度，以及在这个在他们看来差异永不会弥合消解、差异应当得到尊重和保存的立场上，制度主义者力指协商民主在民主合法性和政治合法性上的双重缺陷。

以上便是国外学者对西方协商民主理论的批判。尽管这些观点提出后便立刻遭到了西方协商民主理论家们的反驳，但谁也没法否认这一系列的争议有其合理的一面，某些关于规范性问题的诘问更是直击西方协商民主理论的要害。而作为回应，更多时候，西方协商民主理论家们则只能利用协商民主在制度和程序上的优化来回应质疑者关于规范性问题的责难。之所以只能如此，是因为问题的关键便在于西方协商民主理论自身存在缺陷。

当然，国内的文章也谈及了西方协商民主理论面临的问题，它们是“统一的政治共同体的缺位、认知和道德的分歧性和不可通约性、参与者事实上的不平等性、协商民主的低效性以及公民参与的冷漠性”①。这自然是对眼下诸多学者的批判的高度提炼，本书也抱以同样的看法。但这并非本节关心的重点，因此就不再展开讨论。本节的目的并非西方协商民主本身的局限，而是做出以下的反思：

如果我们详查以上的批判，便会发现，关于协商民主的诘问并没有落在公共性、理性和包容性上。也就是说，对于公共性、理性以及包容性的追求是所有人共同的追求，然而在关注到协商民主不同的价值追求时，我们会发现，这些不同的价值追求便是西方协商民主理论内部矛盾的体现，一个意图整合以上三种差异（甚至从根本上说是背道而驰的差异）的理论，自然会陷入自身逻辑的怪圈。在现实背景下，或者说“在生产力还没发展到极大丰富”的今天，任何理论体系都不能够将保护多元的第一地位与追求共识优先结合起来，任何制度模式都必须分清工具性和表达性的顺位关系，任何民主模型都要从程序性和实质性中选择出主次地位，这是现实政治的需要。而这里面深藏着的是关于合法性的争论，是关于政治合法性和民主合法性来源的千古议题：一种观点以卢梭

---

①　姚亦亚：《西方协商民主研究》，四川省社会科学院2007年硕士学位论文，第23—28页。

为代表，其认为，当且仅当一民主程序导致的结果是正确的、具有合理性的时候，这一民主形式才能被认为是具有合法性的，而这一合法的民主才能证实政治的合法性；而另一种观点，现在来看还是自由主义的主流观点则认为，尊重个人意志的最终权威才是民主的合法性体现，那种忽视了个人权利和意志的民主只能导致暴政，更不用说成为政治合法性的基础了。

这两种观点都有其道理，最模棱两可的说法是“它们都是正确的”，然而现实政治中的确需要给出第一顺位，在具体的情境下，对于这两种观点顺位的辨析很重要，但并非是本书能阐释的范畴。这其中涉及更为深邃的哲学领域。本书仅给出适用于本书的立场，即笔者认为，协商民主应当适用于合理性作为合法性源泉的假设。倘若协商民主以维护个人权利和自由意志为第一追求，那便与自由主义的民主范式并无太大差别，然而协商民主的出现远远早于自由主义传统的兴起，也就是说，历史上的协商民主传统绝不会是将维护个人权利和意志作为第一追求的。在这里，协商民主绝不是一种反事实的思想实验，而是民主实践中早已蕴含的某些原则和逻辑的自身发展的产物（协商作为一种有源泉追溯的模式），用“理论”去美化包装“事实”，是不可取的。

综上所述，由于当代西方协商民主理论受制于其价值追求之间的内在矛盾，因此它的政治正当性便受到来自各个方面的质疑。内部观点同样存在分歧，有时候竟显得比来自外部的分歧还要大。因此，下文中所应用的协商民主的概念，是区别于当代西方协商民主理论中的概念的，当然它们又是存在契合点的，拥有某些共同的特征，而这些特质便是上文提到的协商民主理论中体现的共同价值追求，即公共性、理性与包容性。

笔者认为，协商民主首先是一种有着古老传统的治理形式，它的存在很大程度上是为了满足现实政治的需要。为了应对来自多元的社会和个人需求的挑战，为了应对来自外部事物对于共同体的压力和危机，以及为了追求共同体内部更多更好的“公共善”（或者说解决公共产品的生产和分配中产生的问题），作为一种治理机制，协商民主试图通过某种民主的形式保证其公共性，再通过某种协商程序保证这一民主形式的合理性，最后通过包容性继续消解和缓解共同体内部不同的个人和群体间的矛盾。总结起来便是：自由而平等的公民（及其代表）通过参与讨论的方式融入对公共事务（公共利益）的决策当中，进而通过某种更为具体有效的讨论程序来实现对于决策合理性的要求（公共利益的最优化），并在这一机制内包容那些不危害这一机制本身和共同体利益的观念与选择。当然，上述的定义是粗糙的，关于其中的争议，笔者会在下文中从侧面再进行解释，这里仅仅是为了突出笔者认为的协商民主的核心所在，以此来引出下文而已。

第二章　中国特色社会主义协商民主

近年来，协商民主研究成为学术界关注的热点问题之一，特别是有学者提出了中国特色社会主义协商民主的理念，这不仅是一个极具时代价值的学术命题，而且对于当前中国的政治体制改革乃至中国特色社会主义民主政治建设道路的探索都具有十分重要的理论和现实意义。但是，目前学界对中国特色社会主义协商民主究竟“特”在哪里的认识还比较模糊，甚至有人混淆了其与西方协商民主的特征，因此有必要认真廓清中国特色社会主义协商民主的特色所在。本章拟从基本特征、产生和发展的基础、制度安排和实践形式等角度对这一问题展开初步的分析。

第一节　中国特色社会主义协商民主的基本特征

从一般意义上讲，协商民主既是一种民主的决策程序和机制，也是一种国家和社会的治理结构和形式，又是一种民主的类型①。协商民主在不同的国家和地区有不同的意蕴体现和实践形式。中国特色社会主义协商民主则是指在中国共产党领导下和社会主义制度中，人民按照自由、平等、公开的原则和符合真实性、正确性、真诚性、有效性等要求，通过对话、沟通、辩论、协商等方式，表达利益诉求和愿望，或者对国家和社会政治、经济、文化、社会生活中重大问题进行政治参与的一种民主形式②。

① 孙照红：《国内协商民主理论研究综述》，《岭南学刊》2008 年第 6 期，第 90 页。
② 韩冬梅：《西方协商民主理论研究》，中国社会科学出版社 2008 年版，第 268 页。

中国特色社会主义协商民主既不同于西方的协商民主，也不能简单等同于我国现有的多党合作和政治协商制度。它既具有协商民主的诸如多元性、参与性、理性、合法性、程序性、公开性、平等性等一般性特征，又有中国自己的特质。

一、中国特色社会主义协商民主的一般性特征

（一）多元性、参与性和理性

中国是一个地域辽阔、人口众多、语言文化宗教构成复杂、风土人情各异、地区经济社会发展不平衡的多民族国家。改革开放以来，我们又在经历着深刻的社会转型，社会分化加剧，利益主体多元化，利益追求多元化，多元化已成为当代中国社会的基本特征之一。中国特色社会主义协商民主尊重这种多元性，多元性的社会现实也可以说是中国协商民主的社会基础和发展动力。中国特色社会主义协商民主不仅承认协商主体和内容的多元性，还鼓励人民大众、各种立法和决策的利益相关者积极参与公共协商，在参与中充分表达自己的利益诉求，维护自己的权利，同时切实尊重他人的意见和要求，通过协商对话来解决彼此的矛盾和分歧，从而使协商民主表现出的是一个理性辩论的过程。在这个过程中发挥作用的是理性的思考、合理的观点、负责任的建议，而不是情绪化的诉求，更不是虚假的诡辩。

（二）合法性、程序性

中国特色社会主义协商民主是社会主义民主的基本形式之一。广大人民群众在协商民主实践中的地位和权利是真实可靠的，拥有宪法和法律的充分保障。同时，人们在行使自己的权利时也必须遵循合法性的原则，必须在法律允许的范围内理性地决定和实施自己的参与行为，特别是要尊重程序的权威，把程序看作是参与行为和参与结果合法化的规范性要求。

（三）平等性、公开性

中国特色社会主义协商民主特别强调平等性的原则，这种平等性是具体的、实在的，而不是抽象的。首先，协商民主的参与主体都是平等的，不存在特殊成员的利益具有超越其他任何公民利益的优先性；其次，协商过程中机会平等，所有人都具有平等的表达机会，都具有平等地获得政治

影响力的机会，参与者提出的主张和理由都能得到平等对待。除此之外，为了保证平等性的实现和协商结果的公正、有效，中国特色社会主义协商民主还十分重视公开性原则，民主协商的议题及根据、参与方、过程、结果等内容都是公开的，从而使公民不仅能够熟悉协商的程序，真实有效地参与到协商讨论中来，而且使决策的依据更理性，结果更公正。

二、中国特色社会主义协商民主的独有特征

（一）中国特色社会主义协商民主具有马克思主义理论思维和价值诉求

根据学者们的研究，西方协商民主理论是“政治学家针对代议制民主政治体制在当代发展过程中的局限，对民主本质进行深入反思的结果，是对自由主义民主或选举民主过于强调自由而忽视平等之倾向的一种修正”①，其理论基础有传统民主理论、自由主义理论、社会批判理论、公民资格理论、治理与善治理论等。上述这些理论对于中国特色社会主义协商民主的建构都有一定的借鉴意义，但从根本上讲，中国特色社会主义协商民主是马克思主义民主政治理论发展的结果，特别是以马克思主义人民民主、多党合作和统一战线理论为理论基石。

首先，中国特色社会主义协商民主属于社会主义民主的范畴，是实现和维护人民当家作主权利的一种制度设计和政治安排，因此人民民主理论就为其奠定了最重要的理论基石，规定了其根本方向。其次，在中国目前的政治架构中，中国共产党和各民主党派是协商民主的重要主体，中国共产党领导的多党合作和政治协商制度本身就是中国协商民主的基本制度来源，马克思主义的多党合作理论自然也就成为中国特色社会主义协商民主的重要理论源泉。再次，统一战线是中国革命获得胜利的三大法宝之一，中国特色社会主义协商民主与统一战线政策具有内在的一致性，可以看作是统一战线政策在国家政治生活层面的集中体现，因此统一战线理论对中国特色社会主义协商民主的建构与发展具有直接的指导意义。可以说，中国特色社会主义协商民主在理论和实践中都体现出了鲜明的马克思主义理

---

① 陈剩勇：《协商民主理论与中国》，《浙江社会科学》2005 年第 1 期，第 29 页。

论思维，“承载了马克思主义关于民主理念的特殊含义和价值取向”[①]，表现为坚持中国共产党领导、社会主义发展方向、人民当家作主原则、民主集中制精神、个人和社会协调发展的和谐理念，等等。

（二）中国特色社会主义协商民主具有突出的现实性

在西方国家，协商民主兴起的时间还比较短，更多地停留在学术研究层面上，仅在有限的政治活动中发挥某些作用。而在我国，中国共产党和中国人民在半个多世纪前就创造和选择了具有中国特色的人大制度与政协制度，形成了选举民主和协商民主交相辉映、相辅相成的民主政治架构[②]。尽管中国特色社会主义协商民主的概念近几年才得以提出，但其政治实践其实早已展开。相比西方协商民主更多的理论探讨色彩，中国特色社会主义协商民主具有十分突出的现实性。

第一，从协商主体的关系和政治基础看，协商民主具备在当代中国得以切实践行的现实条件。在我国，协商民主最重要的实践主体是中国共产党和各民主党派。他们具有共同的政治基础和奋斗目标，中国共产党的执政地位和各民主党派的参政地位，在宪法中得到确立，是由中国社会制度的性质及国家政权的性质所决定的，没有在朝、在野之分，没有轮流执政的问题，因而能够充分利用人民政协这样一种有效的政治形式和组织形式，就关系国计民生的重大问题进行广泛的、平等的、积极的、经常的协商讨论。这样的协商民主才具有现实操作性，而不像西方政党那样，虽然相互之间存在某些问题上的沟通和协调，但出于竞选需要，相互之间更多的是牵制甚至倾轧，难以形成一个长期有效的政治协商机制，无法为协商民主提供一个可以依托的平台，协商民主最终只能限于理论研讨或流于形式。

第二，从发挥的现实作用来看，协商民主在当代中国的国家政治生活中扮演着十分重要的角色。在我国，协商民主已经成为决策过程中必不可少的环节。经过多年的实践，我们在重大问题上大体形成了“党委（中央）提出—政协协商—人大通过—政府执行”这样一个“中国式的决策与实施过程”。这一程序从制度设计上就充分考虑到各党派、各界公众参与

---

① 韩冬梅：《西方协商民主理论研究》，中国社会科学出版社 2008 年版，第 265 页。

② 李昌鉴：《关于中国的协商民主制度》，《中国人民政协理论研究会会刊》2008 年第 3 期，第 8 页。

和专家论证的重要性，并使其成为决策过程的基本环节。党的十七大报告中便明确提出要“把政治协商纳入决策程序”。不仅如此，协商民主还成为解决人民政治参与问题的一种重要民主形式，不仅通过人民政协得以实践，在政府与社会的对话、基层自治等其他领域和制度中也被广泛应用。有的学者甚至把协商民主政治看作是中国民主政治建设的路径和发展方向。

第三，中国特色社会主义协商民主的现实性，还突出表现在其已经上升到国家制度的层面，制度化、规范化和程序化建设已经卓有成效。在西方，协商民主还远没有达到国家制度的层面，甚至可以说在其现有的三权分立的政治架构和竞争性的政党体制下发展的空间也十分有限。而在中国，政治协商作为我国政治体制的一种民主形式予以定位，中国共产党领导的多党合作和政治协商制度作为我国的一项基本制度而长期存在，并已经被写进宪法。近年来，在基层民主领域中的一些协商实践经验也不断得到总结和升华，逐渐制度化。2007 年 11 月，国务院新闻办公室发表的《中国的政党制度》白皮书就明确提出了协商民主的概念，强调了协商民主在社会主义民主政治中的重要作用。这些都表明，协商民主在中国已经成为制度化的政治实践。

（三）中国特色社会主义协商民主对共识原则的高度重视

共识在西方协商民主理论中是个争议性非常大的概念，虽然科恩、李普塞特等人强调共识的重要性，但也有相当多的学者对能否达成共识表示怀疑，有的甚至否认共识的存在，他们认为协商只是一个仲裁的过程。而中国特色社会主义协商民主却对共识原则高度重视，视之为协商民主制度赖以建立的基础。这是由中国共产党的组织特性和社会主义国家机关、人民团体的根本组织原则——民主集中制所决定的。按照民主集中制的原则，党和国家的决策必须都是在高度统一和高度共识的基础上做出，在有关国家重大方针政策问题上通过协商达到高度共识是党和政府对执政合法性和民主性的重要而独特的解读①。周恩来对此曾有过精辟的解释，他说：

① 金安平：《“协商民主”：在中国的误读、偶合以及创造性转换的可能》，《新视野》2007 年第 5 期，第 66 页。

"新民主主义议事的特点之一，就是会前经过多方协商和酝酿，使大家都对要讨论决定的东西事先有个认识和了解，然后再拿到会议上去讨论决定，达成共同的协议。""新民主主义的议事精神不在于最后的表决，主要是在于事前的协商和反复的讨论。"[①] 曾长期负责党的统战工作的李维汉也说过："我国人民民主统一战线的内部关系是经过协商来调整的，国家事务中的重要问题是协商成熟而后决定的，国家的选举也是经过协商提名的。正是由于在协商过程中反复地交换了意见，展开了争论，从而辨明了是非，达成了协议，在进行选举和通过议案的时候，就自然而然地常常出现最大多数一致以至全体一致的赞同和决议……政治协商的好处在于既能实现最大多数人民的民主权利，又能尊重占少数地位的人民的民主权利，在经过充分协商后，使各方面的政见基本上达成适当的集中和统一。"[②] 因此，从某种意义上可以说，中国特色社会主义协商民主比李普塞特所说的"共识民主"的境界更高[③]。

（四）中国特色社会主义协商民主与选举民主的有机结合

协商民主在西方是针对选举民主的弊端而提出的，甚至有学者视之为选举民主的替代模式，尽管古特曼、汤普森、曼尼德兹等人后来引入了"聚合"的概念，试图说明"协商"只是与"聚合"相区分和对立的，而不是对选举民主的否定[④]。但总的来看，无论在西方的政治实践中，还是在西方的学术语境里，协商民主和选举民主之间都还保持着明显的距离。而在中国，经过多年的政治实践，协商民主与选举民主之间已经实现了有机结合。中共中央2006年印发的《关于加强人民政协工作的意见》，第一次提出并科学论述了我国社会主义民主有选举和协商两种重要形式，这实际上是对选举民主和协商民主在中国特色民主模式中的地位和作用的明确

---

① 《周恩来统一战线文选》，人民出版社1984年版，第129、134页。

② 《李维汉选集》，人民出版社1987年版，第320、321页。

③ 李普塞特在研究当代世界民主政体的基础上，将各类政府结构及权力配置归纳为著名的两种民主模式，即多数民主和共识民主，而其中的共识民主又是在李普塞特早先提出的协和式民主的基础上发展形成的。

④ 参见 Amy Gutmane，Dennis Thompson，*Why Deliberative Democracy*?，Princeton：Princeton University Press，2004，pp. 13-15；Austin Menendez，"Constituting Deliberative Democracy"，*Ratio Juris*，2000，Vol. 13，No. 4，pp. 405-423.

定位。

就目前我国的政治实践而言，各级人民代表大会和政治协商会议是人民群众行使民主权利的主要平台。这其中，人大的民主运行机制更多地体现出的是选举民主的特征，而人民政协的活动更多地以协商民主为原则。所以，我们重点以人大和政协的关系为依托来分析中国特色社会主义协商民主与选举民主的关系。

关于中国特色社会主义协商民主与选举民主之间的有机关系，有学者将之概括成“前后相连、条块结合、刚柔相济、多少兼顾”①。

一是程序上前后相连。在我国，从政治分工上看，人民代表大会主要是通过选举、投票行使权力，而人民政协主要是在人大选举、投票之前对相关问题和事项进行充分协商，为人大提供参考意见，其基本程序是：协商在前，票决在后，协商通过则再做票决，票决之前必先协商，这两种民主形式正好相互补充。

二是民意上条块结合。从人大代表和政协委员的产生以及他们所代表的人民意愿来看，人大代表除解放军代表外，都是由一定的选区或以区域为基础的选举单位选举产生的，是作为某个选区的公民而当选的，主要从地域（选区）也就是“块块”的角度表达利益诉求。而政协委员主要是由各政党、团体、界别在协商的基础上推荐产生的，代表社会主义建设各条战线上的人民群众的利益，从“条条”的角度展开协商，整合意见，参与决策。这种“条块结合”的方式使协商民主与选举民主更加紧密地联系在一起，可以更加广泛和全面地反映最广大人民的意愿，集中最广大人民的智慧。

三是权力性质上刚柔相济。人民代表大会是我国的国家权力机关，人民群众通过选举产生人大代表来行使管理国家的权力，人大选举、表决通过的人事任免及法律、法规、政策、决议等是以国家机器为后盾的，具有刚性的约束和执行力，选举民主因之而表现出刚性的特征。而人民政协是中国人民的爱国统一战线组织，是中国共产党领导的多党合作和政治协商机构，是在我国政治生活中发扬社会主义民主的重要形式，但它并不是国

---

① 乔谦：《浅议中国特色协商民主》，《中共济南市委党校学报》2008 年第 3 期，第 93 页。

家权力机关，其基本职能是为国家权力机关建言献策，其协商结果和决议不具有法律效力，只具有柔性约束力。与之相对应，协商民主也可以被视为一种柔性民主。选举民主和协商民主，一硬一软，非但不冲突，反而相互补充，相互契合，刚柔相济，统一于中国特色的民主政治实践。

四是意见整合上多少兼顾。选举民主遵循的是少数服从多数的原则，是“多数人的统治”，甚至产生所谓的“多数人的独裁”，“如何尊重少数人的意见，保护少数人的权益”问题，可以说是任何形式的选举民主需面对的难题，而在我国，协商民主的实施在一定程度上弥补了选举民主这方面的不足。协商民主要求在人民政协和有关的协商机构中，无论身份如何、人数多少，其所提出的建议和意见都应得到充分尊重，认真汲取。协商民主要求包容各方、平等交流、理性讨论，这就可以更广泛地听到社会各方面人群的意见和声音，尽可能地满足社会不同方面的利益诉求，尤其是照顾到弱势群体的利益诉求，避免出现弱势群体失语的现象。

除此之外，在我国，选举民主和协商民主还常常以相互结合、相互渗透、相互交织的方式融合在民主政治的现实操作之中，表现为“选举中有协商，协商中有选举”。例如，我国人大代表、党代会代表的产生，从代表候选人的推荐提名，到确定代表候选人预备人选和初选名单，都要经过多次协商，反复酝酿，广泛听取意见；而政协委员虽由协商产生，但政协常委等人选的产生还是需要经过选举程序。再如，作为选举民主和协商民主两大制度的机构载体，人大和政协在开会的时间和议程的安排上也可以说是无缝对接的，政协全国委员会全体会议与全国人大全体会议同期举行，政协委员可对人民代表大会将要讨论的问题提出意见或提交提案，可对国家机关及其工作人员进行批评监督，政协委员还可列席全国人大会议的一些重要议程①。

总之，选举民主与协商民主在我国现实政治生活中相互补充、相辅相成、相互促进、有机结合、共同发展，形成了有中国特色的双轨民主模式。

① 参见孙照红：《选举民主和协商民主：中国特色的双轨民主模式》，《唯实》2007 年第 7 期，第 36 页。

第二节　中国特色社会主义协商民主产生与发展的基础

中国特色社会主义协商民主之所以在社会主义的中国能够得以产生并不断发展，是有其深厚的历史资源和现实基础的。

一、历史资源

首先，虽然中国的政治传统是以封建专制为主要特征，但也不乏协商政治的历史资源。在价值层面上，中国传统文化中的“民本”“和为贵”思想及“感通、意会”等认识理念，与协商民主“求合作”“达共识”的价值诉求，以及认为协商主体之间可理解和可沟通的理念十分契合。在政治实践层面上，秦汉以后历代朝廷的官制中均设有谏议制度、朝议制度，皇帝和朝廷的政策措施通常是通过有条件的对话、讨论和辩论后才制定和实施的，从而具有了明显的协商色彩。尽管其运作和所起作用在君主专制体制下有特定的限度，但其中所涵摄的“政治需要协商、争论和辩论”的思想，无疑构成了协商民主在中国产生与发展的一大本土资源。

其次，中国共产党在民主革命时期对协商民主理论和实践的探索成为中国特色社会主义协商民主的直接源头。中国共产党在长期的革命过程中，将马克思主义的基本原理与中国实践相结合，发展出了丰富的协商民主理论，特别是群众路线和统一战线思想所体现出的“人民参与公共事务、与不同力量进行讨论”的理念堪称其精华所在。不仅如此，中国共产党还将这些思想和理论运用到政治实践中，创造出了让人民参与司法审判的“马锡五审判模式”[①] 和同各种社会力量商讨公共问题的“三三制”政权等政治协商的民主形式。而抗战胜利后在中国共产党和各民主党派共同倡导下召开的政治协商会议，更是为新中国的多党合作和政治协商制度奠定了组织和制度基础。

① 马锡五在民主革命时期曾担任陕甘宁边区苏维埃政府主席、陕甘宁边区高等法院院长，他把群众路线的工作方法运用到司法审判实践中，因此他的审判方式被称为“马锡五审判方式”。

二、现实基础

中华人民共和国成立之后，中国的协商民主在曲折中不断发展。改革开放以来，中国特色社会主义协商民主的存在和发展具有了更加深厚的经济、社会、制度、技术的现实基础。

（一）社会主义市场经济的发展为中国特色社会主义协商民主奠定了坚实的经济基础

市场经济是一种自由、多元的经济。市场经济的发展必将催生社会利益的多元化和中介组织的涌现。这种多元化的利益格局在为公众之间的交往提供必要性的同时，也为公众间的协商提供了可行性。一方面，是因为市场主体都是理性的经济人，具有参与公共协商的自我利益意识和权利意识；另一方面，市场经济的发展为公众参与公共商谈和理性对话提供了经济条件和智力条件。

随着改革开放的深入和社会主义市场经济的发展，我国的生产力水平迅速提高，生产关系也发生了深刻变革。市场经济不仅创造了更多的物质财富，促进了法律制度的健全和完善，而且使市场中多种主体涌现，社会的分配关系、交往关系、组织关系呈现出复杂性和多样性。此外，随着一系列旨在促进社会公正、减少贫富差距、推进和谐社会建设的举措的顺利实施，中国公民的经济福利、受教育水平进一步提高，自由、平等、开放的观念逐步形成，参政的愿望和能力显著增强。所有这些都为中国特色社会主义协商民主的发展创造了现实条件。

（二）经济制度转换催生的社会结构变迁为中国特色社会主义协商民主创造了必要的社会基础

改革开放以来，经济体制转轨和现代化进程的推进使中国的社会结构发生着巨大的变迁，呈现出多元化的发展趋势，产生了许多新的社会阶层、利益群体和社会组织，人们思想活动的独立性、选择性、多变性、差异性明显增强，价值取向和行为方式趋于多样，这就要求有更多的政治参与渠道去实现和协调各自的利益要求。利益协调和整合成为当代中国社会急需解决的重要问题，发现、创造新的民主形式成为民主政治建设的重要任务。中国特色社会主义协商民主恰恰适应了这种要求，因此可以说，社会结构的变迁为当代中国实践协商民主创造了必要的社会基础。但在肯定社会变迁对发展协商民主的积极意义的同时，也要注意防止过度的社会分化导致基本的共同社会价值认知的缺失，从而使协商民主陷入多元文化的困境。

（三）政治实践和政治制度建设中的协商机制为中国特色社会主义协商民主构建了扎实的制度基础

在我国，现实的政治生活中已经存在广泛的协商机制，其在新的历史时期不断得到丰富和完善。如在国家政治生活层面，中国共产党领导的多党合作和政治协商制度便是一项集中体现我国政治生活中协商因素的制度设计，而人民代表大会制度、民族区域自治制度等中也都包含有丰富的协商机制；在社会生活层面，村民自治、基层社区自治、居委会、业主委员会等制度设计，体现了政治主体间的协商、合作与对话、多赢或共赢的互动关系；信访制度、旁听制度、听证制度、评议制度、民主恳谈会、民主议事会等社会治理实践，也为实践协商民主增加了宝贵的经验。总之，我国现有的政治制度设计和体制安排，蕴含了大量的协商机制，政治生活的实际运行也体现了丰富的协商色彩。这些制度设计和体制安排为中国特色社会主义协商民主的正常运行和进一步发展提供了制度保障。

（四）科技和信息网络的发展为中国特色社会主义协商民主提供了重要的技术基础

20 世纪 90 年代以来，互联网技术在中国得到迅速发展和普及，我国已成为世界上网民人数最多的国家。互联网具有便于交流、低成本、便利、非中心化、跨时空性、自治性等特点，从而使之逐渐成为一个新的公共领域，一个重要的公共协商场所。以公共论坛为主要形式的信息交流平台为人们提供了一个超越地域和事件限制的“在线空间”，为政治信息的输入和输出提供了极其宽敞的通渠，为公民政治和社会事务的参与提供了新的思维方式和行为模式，甚至有人认为“从互联网公共论坛的政治参与中看到了协商民主的理想”。互联网不仅开拓了新的协商民主场所，而且也为其他形式和领域内的协商民主提供了更为便利、有效的技术支持。当然，我们也应看到，基于互联网的参与和协商还存在很多问题，诸如参与协商的有序、理性乃至良好的外部条件和宏观环境等问题，都需要社会各界尤其是政府的积极作为来有效消解。

第三节　中国特色社会主义协商民主的制度安排与实践形式

建立在深厚的历史资源和现实基础上的中国特色社会主义协商民主，不仅具有促进决策合理化和合法化、公民教育、实现良善生活和人与人之间相互理解与尊重等协商民主的一般功能，而且在当代中国，其还具有利益表达、维护稳定、价值导向等特殊功能。如何真正有效地实现这些功能，是中国特色社会主义协商民主建设中首先需要考虑的问题，其中最根本的还是要落实在制度安排和实践形式上。就中国目前的协商民主实践而言，基本政治制度领域、基层自治领域、政府与社会对话领域、决策领域的相关制度安排与中国社会主义社会的基本政治结构相适应，共同构成了中国特色社会主义协商民主的制度体系，而不同领域的协商民主又衍生出了诸多不同的实践形式。

一、基本政治制度领域的协商民主

这一领域的制度包括两个子系统：一是中国共产党与各民主党派、无党派人士之间的直接协商制度。协商制度对体现在政治协商、民主监督、参政议政方面的协商原则、内容、形式和程序做了明确具体的规定。协商是在一定的制度和程序保障下进行的。这些规定主要体现在《中共中央关于进一步加强中国共产党领导的多党合作和政治协商制度建设的意见》（中发〔2005〕5号文件）中。二是中国共产党与各民主党派、各族各界人士在人民政协进行协商的制度。关于这种协商形式的性质、地位、作用、原则、主题、主要任务和职能等也有明确规定。这些规定主要体现在《中国人民政治协商会议章程》和《中共中央关于加强人民政协工作的意见》（中发〔2006〕5号文件）中①。总的来看，基本政治制度领域协商民

① 李昌鉴：《关于中国的协商民主制度》，《中国人民政协理论研究会会刊》2008年第3期，第7页。

主的制度安排是以合作型政党关系为协商前提、以人民政协为协商的主要论坛、以各界政协委员为协商主体的，其实践形式（即协商运行机制）遵循了严格的规范化的程序：首先是选择提案；决定对提案进行协商之后，经过收集信息，通过正式和非正式的协商、讨论和审议；经审议通过后的提案交有关部门办理；有关部门对于办理或不办理给予答复。这种基本政治制度领域的协商民主在我国已经实行了几十年了，相对比较成熟，并在实践中得到了不断完善和发展。

二、基层自治领域的协商民主

这类协商制度是随着20世纪八九十年代以来我国基层群众自治制度的确立而发展起来的。改革开放之前，由于国家对社会全能主义的控制，人们在利益上、思想上的单一性，不仅社会没有自治的空间，基层社会也缺乏实践协商民主的条件。而改革开放之后，由于国家权力在城乡基层社会控制力的减弱，城乡二元结构被打破，人口流动增强，以及人们经济自主权增多，生活多元化和利益冲突表面化等原因，城乡基层社会自治不断形成和发展，并得到国家的支持和认可。这为基层实践协商民主创造了条件。于是，我国城乡基层社会兴起了各种协商民主的制度安排，其中影响比较大、推行比较广的实践形式有村（居）民会议、村民代表会议与居民议事会、民主恳谈会、社区论坛、民主评议会等。此外，随着我国近年来企业改革的深化，现代企业制度的建立，企业员工参与意识的增强，企业成了我国基层协商民主发展新的增长点，其实践形式主要有集体协商制度和劳动恳谈制度等。这些制度和实践形式的共同特征是：决策和决定前鼓励人们畅所欲言进行讨论；保证参与者讨论发言的时间；参与者在相互尊重的基础上交换意见①。据此，有人认为，这些更能体现协商民主的精神，与协商民主的理想模式更为接近，但客观地说，目前由于参加的人数较多，协商很难充分；相当多的协商只是走走形式，往往是草草讨论、匆匆结束；协商结果的信息反馈不足，基层自治领域协商民主的质量还明显不

① 何包钢：《中国的参与和协商制度》，转引自陈剩勇、何包钢主编：《协商民主的发展》，中国社会科学出版社2006年版，第93—99页。

够，还需要在实践中进一步完善。

三、政府与社会对话领域的协商民主

政府与社会的对话是行政民主的重要表现，其既不同于自下而上的汇报和陈情，也不同于自上而下的指示和传达，而是平等和理性的双向沟通与交流，具有直接性、平等性、双向性、开放性、广泛性等特征，因此成为发展协商民主的主要领域之一。特别是改革开放以来，随着市场经济的发展而引致的利益多元化，以及人们民主法治意识的增强，公民参与政府公共政策制定、利益表达的诉求日益强烈。针对这种情况，早在 1987 年党的十三大报告中便明确提出，要建立和完善政府与社会的协商对话制度。时至今日，为了使政府与社会能够公正、平等地进行对话，以及使协商对话长期进行下去，我国已经创设了协商对话的召集人制度、主持人制度、信息公开制度、信息反馈制度等一系列制度安排，并在实践中发展出了民主听证会、民主恳谈会、民主评议会、领导接待日、协商民意测验、社情民意直通车、便民窗口、市民对话一把手、信访制度等众多的协商民主形式。尤其是互联网技术的发展，为政府与社会的协商对话开辟了崭新而广阔的平台，产生了越来越大的影响，引发了政府与社会协商对话方式和成效的革命性变革。如何引导和利用好互联网为协商民主实践服务是目前我们迫切需要研究和解决的问题。

四、决策领域的协商民主

民主集中制是中国国家政权的根本组织和领导原则，也是在中国具有普遍性的基本决策制度。实行民主集中制，就是要求充分发扬民主，集体议事，集体决策，使人民的意愿和要求得到充分表达、反映、落实和满足，其与协商民主的精神和要求高度契合。经过多年的实践，我们已经初步探索出了在民主集中制的基础上将“政治协商纳入决策程序”的协商决策模式，建立了决策的民意征集制度、决策方案的专家咨询与论证制度、重大决策社会公示制度与听证制度、决策绩效的考核与评估制度等一系列实践协商民主的制度形式。同时，各级政府不断加大政务公开的力度，健全政务公开的政策法规体系，逐步形成了以政务服务中心为载体的综合性政民互动平台，建立起了能很好回应公民需求和及时提供公共服务的政务公开机制。当然，目前我国的协商决策模式还远不够成熟，在运行中还存在诸多问题，还需要进一步完善，特别是在健全决策失误责任追究制度和法律救济制度建设等方面还需要大胆创新。2009 年 7 月 12 日，中共中央办公厅和国务院办公厅印发了《关于实行党政领导干部问责的暂行规定》，其中将“决策严重失误，造成重大损失或者恶劣影响”作为对党政领导干部实行问责的首要情形，这一规定必将对协商民主决策的发展起到巨大的保障和推动作用。

几十年来，中国特色社会主义协商民主在实践中不断发展、完善，在中国特色社会主义民主政治建设中发挥了越来越重要的作用。尽管目前还存在着全社会尤其是领导决策层对协商民主的重要性认识不够、协商民主的实行缺乏必要的法规来规范和保障、协商民主作用的发挥与选举民主的作用相比差距较大、人民政协履行职能制度化建设的进程与协商民主制度发展要求还不相适应、确保协商民主制度实施的机制短缺等诸多问题①，但这并不影响中国特色社会主义协商民主在社会主义民主政治生活中的重要地位，反而激发我们认真总结实践经验，进一步解放思想，开拓创新，探索出一套适合中国国情的、有助于完善中国特色社会主义政治发展道路的协商民主制度。

---

① 李昌鉴：《关于中国的协商民主制度》，《中国人民政协理论研究会会刊》2008 年第 3 期，第 16 页。

第三章　基层协商民主实践的典型案例

基层协商民主是中国特色协商民主最广泛的实践活动。如果从历史脉络来考察，早在土地革命时期，中国共产党就提出了“群众路线”理论并将其作为党的重要决策形式。协商民主自下而上的决策模式与党的“群众路线”自下而上的工作方法不谋而合，“群众路线”强调“从群众中来，到群众中去”的主旨与协商民主“最大限度地考虑到所有利益相关者意愿”的理论主张有着天然的契合性，可见党的“群众路线”具有鲜明的中国特色协商民主性质。抗日战争时期，陕甘宁边区的“三三制”民主政权建设便可看作中国共产党探索基层协商民主理论的实践雏形。

由于种种因素影响，基层协商民主在中华人民共和国成立后的发展并不是十分顺利，直至改革开放以后，随着基层民主政治建设和社会治理的发展才逐渐受到重视，近些年来开始掀起高潮。党的十八届三中全会明确提出，要“推进协商民主广泛多层制度化发展”，其中发展基层协商民主是重中之重的工作，因为“人民群众是社会主义协商民主的重点。涉及人民群众利益的大量决策和工作，主要发生在基层。要按照协商于民、协商为民的要求，大力发展基层协商民主，重点在基层群众中开展协商”①。中共中央2015年又相继印发了《关于加强社会主义协商民主建设的意见》和《关于加强城乡社区协商的意见》两份文件，对基层协商民主所涉及的领域、协商的内容与对象、发展基层协商民主的基本要求等都有了明确的规定。如果说在此之前中国基层协商民主还属于“星点式实践”阶段的

① 习近平：《在庆祝中国人民政治协商会议成立65周年大会上的讲话》，《人民日报》2014年9月22日，第2版。

话，那么这两份《意见》的颁布，则极大地推动了基层协商民主在全国范围内的推广与扩散，成为中国基层民主发展的一项正式的制度创新[①]。在各地如火如荼的基层协商民主实践中，浙江温岭的“民主恳谈会”和广东顺德的“决咨委”模式具有典型意义，本章拟通过对这两个典型案例的分析来透视当下基层协商民主的发展状况。另外，拟从制度认同的视角来剖析基层协商民主目前的发展困境，并提出相应的解决对策。

第一节　基层协商民主的内涵

基层协商民主在当代中国的政治话语体系中已经是一个专有名词，有其特定的内涵，但无论是对“基层”还是对“协商民主”的概念，在理解上都还有很大争议，因此有必要对其内涵做专门解读。

一、基层的概念

《现代汉语词典》对“基层”的解释是，各种组织中最低的一层，它跟群众的联系最直接，如基层单位、基层干部、深入基层[②]。基层在不同领域内具有不同的含义。

第一，中国共产党组织体系的基层。根据中国共产党现行的党章规定，基层组织包括：企业、农场、机关、学校、科研院所、街道社区、社会组织、人民解放军连队和其他基层单位，凡是有正式党员三人以上的，都应当成立党的基层组织。在现行的《中国共产党基层组织选举工作暂行条例》中也明确规定，党的基层组织是指工厂、商店、学校、机关、街道、合作社、农场、乡、镇和其他基层单位的党的委员会、总支部委员会、支部委员会等。

第二，当代中国政权体系中的基层。根据我国《宪法》第九十五条的

---

① 张敏、韩志明：《基层协商民主的扩散瓶颈分析——基于政策执行结构的视角》，《探索》2017 年第 3 期，第 47 页。

② 中国社会科学院语言研究所词典编辑室编：《现代汉语词典》（第 7 版），商务印书馆 2016 年版，第 603 页。

规定，地方各级人民代表大会和地方各级人民政府包括“省、直辖市、县、市、市辖区、乡、民族乡、镇”等各级。也就是说，县和乡镇两级的人民政府都属于当代中国的地方政府。《宪法》中还提到了“基层政权”，比如第一百一十一条规定，“居民委员会、村民委员会同基层政权的相互关系由法律规定”。在这里可以看出，在《宪法》条文里，基层政权是指乡镇政府。

第三，群众性社会组织的基层。我国《宪法》第一百一十一条规定，“城市和农村按居民居住地区设立的居民委员会或者村民委员会是基层群众性自治组织”，除了村（居）民委员会之外，在城乡或者企事业单位中的一些诸如工会、青年团、妇联组织，也属于基层组织。

二、基层协商民主的含义

基层协商民主，主要是指人民群众在中国共产党的领导下，依照党的政策和国家法律，在城乡基层政权机关、企事业单位和基层自治组织中，在自由、平等、公正的前提下遵照一定的程序，对于基层的公共事务和公益事业进行民主管理、民主决策、民主监督的制度、规范和实践活动。

我国基层协商民主制度具有如下特点：一是主体的自主性。行为主体的自主性被普遍认为是权利获得的显要标志，这里的自主性包括行为的自主性、选择的自由以及一定程度的自我规范和限制。协商主体的自主性主要指作为个体参与协商的独立性、与其他代表的参与地位的平等性、发表意见建议的主动性。二是利益的相关性。基层协商民主的协商议题大多与协商主体的利益相关，都是涉及基层民众基本生存权益的事项，尤其是与协商参与者的自身利益契合度最高的议题，这与普遍意义上的民众的政治参与有着范围上的明显差别。三是范围的有限性。协商议题一般仅对某个基层政府管辖区域或者某个社区范围内的公众有影响，因此协商的范围是特定的、有限的，只需在基层政府管辖区域内或者社区内进行协商即可，相比较其他协商民主方式，更加节约组织成本，且所需人力有限、实效性强、更具备可操作性。

20 世纪 80 年代以来，基层社会民主形式越发多样，其中以农村村民自治、城市居民自治和企事业职工代表大会为主要实践形式。在实际中主要表现为民情恳谈会、民主恳谈会、民情直通车、社区议事会、居民论坛和民主评议会等各种形式。在这些形式的运用中，又具体表现为民意测验式、民主审议式等协商对话的方式，其中又以浙江省温岭市的“民主恳谈会”、四川省崇州市的“居民议事会”和广东省顺德区的“决咨委”等这些具有评议、决策和监督性质的基层民主协商形式为典型。中国特色的基层协商民主在广阔的城乡社区和基层企事业单位积极展开，是完善中国特色协商民主制度体系的基础工程和有机组成部分。在现有条件下，基层协商民主的广泛开展对优化中国特色民主政治体系具有极大的现实意义，其实践探索的空间和理论创新的维度亟待理论研究者和社会治理者携手并肩地探寻和尝试，从而为其最终常态化、规范化发展寻求制度化建设的可能。

第二节　基层协商民主实践的典型案例——浙江温岭“民主恳谈会”

浙江温岭的“民主恳谈会”起初是以改善干群关系为目的，作为一种基层领导与群众沟通、交心的渠道而存在的，被称为松门镇的“焦点访谈”。在不断的实践中，“民主恳谈会”逐渐朝着决策咨询方向演进，发展成多种形式的“民主听证会”，最终通过与党内民主、基层人大工作相结合，形成较为成熟的制度。民主恳谈制度强调在涉及经济社会发展中的重大规划和事关民生问题的决策之前实行规范化的平等对话与民主协商，发展出了一条具有地方特色的基层民主治理的新路径。作为一个相对成熟的、在基层发展协商民主的样本，“民主恳谈会”在温岭的兴起有着什么样的生成背景？“民主恳谈会”未来发展面临着哪些挑战？在实现了和基层人大体制相结合之后，“民主恳谈会”还有哪些拓展空间？“民主恳谈会”对于发展基层协商民主又有何启示？笔者试图对此做一些梳理和分析。

一、“民主恳谈会”在温岭的生成背景

“民主恳谈会”是对浙江省温岭市在乡村、城镇、社区及市政机关

（部门）开展的各种民主沟通会、决策议事会、交流讨论会、重大事项听证会等民主形式的简称。任何民主实践都是在一定的环境中产生和发展起来的，首创于温岭的“民主恳谈会”同样如此，它是在一系列不同因素的合力作用下生长和发育起来的。

（一）市场经济的发展、公民个人意识的加强对扩大基层民主政治建设提出了客观要求

温岭市位于浙江省东南沿海，全市陆域面积926平方公里，海域面积1079平方公里，大小岛屿170个，人口122万，是一个人口密度比较大的县级市。改革开放以来，温岭市的经济发展迅速，为全国“百强县市”和“明星县（市）”。经济的迅速发展为人们接触新事物、新观点提供了便利。民营经济的发展培育了人们的自我意识，市场经济的洗礼使人们逐渐摆脱了传统的狭隘的地域观念，在市场交易中养成了自信、与人交流合作的生活习惯，这些都是成熟的民主主体所应该具有的综合素质。以市场为基础的社会活动，促进了以平等协商为主要特征的契约社会的形成，而经济上契约行为的认同和契约观念的培养势必会影响到政治、社会领域，从社会层面推动以平等自治为理念的社会契约关系的建构，培育民众的民主意识。民主意识的增长成为协商民主实践的重大社会动力①。地处经济发达省份浙江的温岭地区更是如此，人民群众民主意识的觉醒程度、民主愿望的表达强度都明显高于经济落后地区。他们对于扩大基层民主政治建设的要求也就更加强烈。

（二）多元化利益格局下人们的矛盾心理需要有一种有效载体加以疏导

依据亨廷顿的观点：政治稳定主要依赖于政治参与程度和政治制度化程度之间的相互关系，若想保持政治稳定，当政治参与程度提高时，社会的政治制度化程度必须相应提高。在市场经济发达的温岭地区，随着城市化发展以及乡镇行政区划的调整，社会阶层不断分化，利益主体呈现出多元化趋向。居民的维权意识和政治参与意识不断强化，对于与其切身利益

① 陈剩勇、钟冬生、吴兴智等：《让公民来当家——公民有序政治参与和制度创新的浙江经验研究》，中国社会科学出版社2008年版，第5页。

密切相关的诸如公共设施建设、公共资源分配、公共事务管理等重大事项有着更高的关注度。而这些重大事项往往内容复杂，受众面大，影响深远。显然，由少数当地政府和经济精英掌控的传统地方治理形式已经不能适应新形势的需要。一方面，居民迫切希望通过合法的途径来实现自身的政治参与诉求；另一方面，地方党委政府也希望有更好的治理模式能够既满足广大群众的需求，又能实现自身的政治目标，但受限于传统的基层治理模式，缺乏灵活的利益协调渠道，在随着城市化快速发展而带来的一系列治理难题面前往往捉襟见肘。在现有的制度体制无法充分满足这些需求的情况下，对政治体制进行改革创新的要求日益强烈。

（三）独特的文化底蕴为“民主恳谈会”提供了深厚的土壤

公民文化是现代政治建设的重要内容，民主治理机制的可持续性依赖于公民文化的成熟①。浙江的私营经济发展有其特殊性，温岭发达的民营经济，使之迅速在体制外形成了一个相对独立的社会结构体系，经济地位的相对独立使其对于政府的依赖程度大大降低，因而极大地促进了血缘、地缘、业缘等各种非正式关系的发育，由此形成的盘根错节的社会关系网络，为一种新的公共生活结构的形成提供了重要的社会背景。

另外，就温岭而言，民营经济主要投资人大多为本地人，且民营经济中家族企业的比重已经超过95%，与非家族企业最大的区别在于，其以文化特征上的“家本位”思想和“家权威主义”思想为核心。本着中国传统文化特点，这些本地人比较关注地方事务的发展，希望通过把家乡事务做好来体现对家乡的责任意识。相对于其他私营企业主的政治参与要求常出于实现经济目标的考量，温岭的民营企业家们更多地把政治参与视为一种应有的政治责任和义务，超越了个体或阶层利益的狭隘圈子，上升到从社会整体发展的高度来参与政治。“从当地人在历史上所形成的自强自立的独立精神，在今天延续成了一种较强的主人翁精神，从而对民主恳谈会的产生起到催化作用”，“理性协商的文化传统和当代市场经济所引出的平等精神，不但带来了民众的政治诉求的提升，而且还带来了地方官员改革意

---

① 郎友兴：《公民文化与民主治理机制的巩固和可持续性——以温岭民主恳谈会为例》，《中共浙江省委党校学报》2012 年第 2 期，第 11 页。

识的增强……正是在这两种观念的相互作用下，才形成了民主恳谈会持续发展的原动力”①。

二、“民主恳谈会”的运行机制

有学者把协商民主分为三类：社会对话协商、政府决策协商、立法协商。由于属于县级市，本身不具备地方立法权，温岭的“民主恳谈会”主要是前两项，即社会对话协商和政府决策协商。从“民主恳谈会”实践的运作过程来看，它是在一系列运行机制的框架下不断得以创新和发展的，恳谈议题的提出、恳谈代表的产生、恳谈程序的进行都有一套具有可操作性且较为规范的规章制度。

（一）协商什么——议题提出多渠道

“民主恳谈会”议题的提出在制度设计上有不同的提出渠道，一种是由当地党委政府提出，这也是目前采取的最为普遍的方式；另一种是由当地人大和人大代表提出议题。人大提出议题目前有两类方式：其一是在每年年初的人代会上，在政府的工作报告中对本年度规划的恳谈议题进行审议；其二同样是在人代会上，就本年度“民主恳谈”的议题是哪些、恳谈的大致时间、需要解决什么问题做专门单独的讨论和决定。还有一种是人大代表通过人代会提出议题。根据《地方各级人民代表大会和地方各级人民政府组织法》中“经过五分之一以上代表提议，可以临时召集本级人民代表大会会议”的规定，温岭出台的《中共温岭市委关于民主恳谈的若干规定》（以下简称《规定》）对此进行了借鉴：1/5 以上人大代表联名可以提出民主恳谈会的议题。此外，为保证普通群众所关注的公共议题也有一定的诉诸渠道，《规定》中同样有一定的制度安排：普通群众可以将关心的议题向所在选区的人大代表反映，通过人大代表来向人代会提出。这些议题提出的多种渠道，保证了民主恳谈会议题具有公共性和利益相关性的特点，也为议题讨论和恳谈会最终能够达成妥协和共识提供了可行性。

（二）与谁协商——代表产生科学化

“民主恳谈会”已经形成了一个制度化、科学化的参与方式。公民参

---

① 何俊志：《权力、观念与治理技术的接合：温岭“民主恳谈会”模式的生长机制》，《南京社会科学》2010 年第 9 期，第 50 页。

与的渠道主要有三种：（1）自愿参与。恳谈会召开 3 ~ 5 天前，政府会通过多种形式告诉民众恳谈会的议题、召开时间、具体地点，只要有兴趣都可以参加，没有任何职业、性别等方面的要求。（2）随机抽选。比如泽国镇，2005 年时该镇有 12 万人口，就从 12 万人中随机抽取 200 个作为恳谈会代表。（3）邀请。邀请的对象主要有两类，一类是议题的利益相关者；另一类是在当地比较有名望且思考问题比较有理性、独立性的人，如人大代表、政协委员、党代表、企业家、律师等等。第二类人既不站在政府的立场上判断问题，也不完全倒向利益相关者一边，从而能够相对理智、公正、客观地判断问题。考虑到每一种代表产生的方法都有一定的局限性，通常情况下，这三种方法都是综合运用的，保证了恳谈会参与者组成结构的科学合理性。

（三）怎么协商——程序进行规范化

政府在确定恳谈会的议题后，会针对议题做较为认真全面的分析和调查，形成一个初步方案，然后发布告示，一般是在开会的前 5 天。而“民主恳谈会”具体操作环节则也按照规范的程序进行。政府首先公开初步方案，并解释决策的缘由。接下来进入对话环节，这种对话形式是一种双向的对话，由参与者提出合理的建议或者对有关官员进行提问，通过对话讨论、利益的博弈，形成政府与参与者的交流，在理性的基础上双方达成共识。最后则进入决策环节，通常情况下由党委政府基于“民主恳谈会”达成的共识，对决策进行修改、完善、补充，并形成人大会议的议案，由人大表决，同时向民意代表反馈。

有时候恳谈会也会达不成共识，各方仍然有争议。这种争议可能来自两个方面：一方面是参与者与政府之间仍然存在着分歧；另一方面是参与者之间出于不同利益角度考虑也存在着分歧。出现这种情况，一般有两种处理方法：一种是由政府向人大提出议案要求召开人代会，由人代会对事情进行讨论处理；另一种是如果双方之间分歧实在太大，恳谈会无法进行并达成共识，那么政府需要对议题进行重新调查研究，拿出新的决策和方案，为召开下一次恳谈会做准备。

三、“民主恳谈会”面临的挑战和进一步发展的思路

“民主恳谈会”在温岭实践的十多年来，将平等对话、民主协商、寻

求共识等一些协商民主的内容和原则嵌入其中，经过不断地推广和深化，使得基层民众参与民主决策、民主管理和民主监督走上了规范化的道路，并对其进行了制度化的探索，学术界和媒体将其视为一种新型的基层民主实现形式。但是这一基层协商民主的创新载体在实践中仍然面临着一些挑战，这些挑战能否得到有效回应并且在此基础上实现新的突破，则是温岭“民主恳谈会”未来发展的关键点。

（一）“民主恳谈会”面临的挑战

1. 代表参与能力差别较大

不同的社会阶层和不同职业的从业者，行动能力往往差别较大。参与者中的政治、社会精英由于经常出席各种会议、见识更多场面、有着更多的获取政策信息的机会，因此具备更强的表达、应变和掌控能力。相对来说，普通民众参与者受阶层和职业所限，往往言语表达能力欠缺，并且缺乏对公共事务政策和信息的了解，因而在实际的恳谈过程中影响力相对不足。这些都在客观上影响了普通民众代表话语理性的有效形成和在恳谈会上平等表达的实现程度。

2. 强化精英话语权的倾向

“民主恳谈会”一些新近的变化显现出弱化民众理性表达的取向。2011 年起，温岭市级部门的预算恳谈，其参与代表开始试行从事先建立的参与库和人才库中选取。这样的设计虽然扩大了参与范围、提高了恳谈参与的质量，同时也简化了参与代表产生的烦琐程序，降低了运行成本，但也似乎增加了政府操作的便利。在 2012 年泽国镇的预算恳谈上，改变了以往全部代表随机产生的办法，200 名参与者中一半通过摇号从年满 18 周岁的民众之中随机挑选，另一半则在政府的内部机构中通过内部摇号的方式产生。这些都在客观上强化了恳谈会的对话中政治、社会精英的理性表达，而普通民众理性表达的空间则被进一步地压缩。

3. 自身职责不清、定位不明

从“民主恳谈会”整个运作的过程来看，目前其主要功能更偏重于民意收集和政策咨询，对决策的影响是间接性的，因为最终决策者仍然是地方党委政府，而“民主恳谈会”对话结果究竟有没有被采纳，尚缺乏一个严格的反馈和监督机制。曾有专家学者对“民主恳谈会”的职能提出质疑，认为如果“民主恳谈会”仅仅作为一个民意收集和政策咨询的机构，政府完全可以委托给科研机构、社会组织去做，也许更加有效和直接。而且，作为拓宽民众参与渠道的制度创新，“民主恳谈会”无论是从功能上还是从人员构成上，与现存的基层人大、基层政协和乡镇议事会等都存在着重叠和交叉，这些似乎都在一定程度上影响其存在的必要性与合理性。

（二）“民主恳谈会”进一步发展的思路

1. 继续推进体制内创新

“民主恳谈会”通过激活基层人大的形式，实现了从体制外走向体制内，使其具有可持续性的发展前景。而“民主恳谈会”发展历程给人的印象是，正是由于其他各职能部门（党委、人大等）没有充分发挥自己应有的作用，“民主恳谈会”才有了其发展空间。因此，“民主恳谈会”的深化发展，需要继续从体制内寻求新的突破口。比如，温岭市政协依托“界别+区域”立体化履职平台，通过资源的有效整合和整体联动，已经构建起一个横向到边、纵向到底的为民履职网络。因此，下一步是否可以深化“民主恳谈会”的改革，并为此设计一项机制，实现政协的协商转型，让政协的协商所达成的共识可以向人大提出议案，通过将政协的提案纳入到体制内，解决一直以来困扰政协组织的“自拉自唱、事倍功半”参政议政、民主监督效力软弱性的问题，从而进一步推进“民主恳谈会”制度化的发展。

2. 积极培育民主文化氛围

民主巩固的理论认为，民主的稳定和持续，只有在政治文化的充分转变中才有可能。政治学结构—功能主义学派的创始人阿尔蒙德曾指出：“一种参与制政治制度的民主形式同时需要一种与之相符合的政治文化。”[①] 基层协商民主实践的持续推进，归根结底还是依赖参与者的民主素养。当公民必须参与到协商过程中来时，他们身上某些优良品质就会得到发扬。许多人认为，那些作为自由、平等公民而经常参与协商的人更有可能形成

① ［美］加布里埃尔·A. 阿尔蒙德、西德尼·维巴著，马殿君等译：《公民文化：五国的政治态度和民主》，浙江人民出版社 1989 年版，第 5 页。

自主、理性和道德特征。在这种情况下，公民美德通过这一过程得到了弘扬[①]。因此，需要加强参与者对于“民主恳谈会”这一新事物的宣传，不断营造民主文化氛围，培育和提高参与者的政治素养、参政意识，引导民众在“民主恳谈会”的实践中学会怎么行使民主权利，塑造相互包容和相互妥协的精神，并且认识到行使自己权利的边界，进而从利益的诉求上升为权利的诉求，而这些恰恰是“民主恳谈会”能够保持效率和持续性的重要因素。

3. 确保程序公平和正义

尽管对协商民主的具体内涵尚未完全达成共识，但是大多数学者认为，程序的公平和正义是协商民主的核心内涵之一，只有程序的公平和正义才能促进协商主体形成广泛共识，赋予协商结果以正当性。为此，“民主恳谈会”需要设计出一套合适且具有可操作性的实践机制来确保程序的公平和正义并实现制度化。由此看来，对于议题产生、参会人员的选拔、事前信息的发布、调查决策制度、结果处理反馈等一些看起来相当复杂的程序都有一定的制度安排显得尤为重要，只有以刚性的约束形成一定的堵塞机制，给予每个参与者以相对平等的协商机会和权利，才能尽可能地减少社会不平等因素对恳谈过程造成的不利影响。

四、“民主恳谈会”对于发展基层协商民主的启示

协商民主是当代中国政治发展的一个重要内容，也是国家治理现代化的一个重要组成部分。基层协商民主则是社会主义协商民主最为活跃的实践形式。温岭“民主恳谈会”自创建以来，在实践中不断地深化、完善和发展，显示出持久不衰的旺盛生命力。这种生命力不仅仅来自它顺应了公众参与社会管理的愿望，而且更在于它实践了社会管理的创新理念，探索出了社会管理的创新模式[②]。“温岭模式”可以被看作是一种适合在基层采取的合作式的治理模式。从加强民主政治体制、探索社会治理体制改革、实现国家治理体系现代化的角度看，尽管“民主恳谈会”的持续发展尚存

① ［美］詹姆斯·博曼、威廉·雷吉著，陈家刚等译：《协商民主：论理性与政治》，中央编译出版社2006年版，第185页。

② 陈奕敏：《“民主恳谈”与社会管理创新》，《学习时报》2011年6月13日，第5版。

一些制约因素，但仍然给我们带来了更多的关于在当下基层发展协商民主的有益启示。

（一）发展基层协商民主需要依法进行

中国的改革无论是经济改革还是政治改革，往往都是在缺乏法律依据的情况下先进行探索，然后再完善相配套的法律体系。作为一种基层的协商民主实践形式，“民主恳谈”主要源于基层民众的民主诉求以及具有民主情怀的开明官员的推动和创造，其实质是一种原有体制外的制度创新，但仍然缺乏现有的法理性依据，在面临对其合法性的拷问时，如果不能很好地融入现有的基本权力结构中，将直接影响其发展的可持续性和推广的可能性。温岭通过将“民主恳谈”与激活基层人大职能联系起来的做法，较好地处理了民主实践创造性与依法办事的关系，确实为我们提供了一个切实可行的解决路径。另外，从改革和完善现有的决策机制角度看，“民主恳谈”通过引入协商机制对其决策的正当性给予证明，加强了公民的有序政治参与，促进了决策的民主科学化，完善了权力的运行机制，前瞻性地把坚持党的领导、人民当家作主和依法治国有机统一起来，对于推动我国民主法治进程和实现“依法治国”的战略目标具有十分重要的现实意义。

（二）发展基层协商民主需要合理建构权力框架

改革开放以来，乡村（社区）的权力框架及由此而生的权力秩序已经发生了重大的变迁，其表现就如学者所描述的是“权力的三重组织网络”：政党组织、政府和社区自治组织三者的权力相互交织在一起，这种权力框架构成了基层的基本权力结构，其运作及效能直接影响着基层治理的效果①。温岭的协商民主，在构建民主决策、管理和监督新体制的同时，也促进了基层权力机构的归位。“民主恳谈”“参与式预算”将协商对话、民主讨论规范在正式决策之前，正确地处理了与村民代表会议、基层人大的关系②。作为基层党组织、政府和社会多重关系互动下的产物，“民主恳

① 齐卫平、陈朋：《协商民主：城市基层治理的有效模式——基于上海H社区的个案分析》，《理论与改革》2008年第5期，第11页。

② 陈家刚：《温岭改革：开启基层协商民主新路径》，《学习时报》2012年11月26日，第5版。

谈”正是以政治沟通和民主协商为切入点，较好地处理了党政组织与社会组织、社会组织与公众参与的关系，有力地调动了人民群众有序参与的积极性，切实发挥了基层党组织、政府、社会组织、公民个人在社会治理中的多元化作用，为基层权力框架中的各种利益主体实现利益整合提供了可能性。

（三）发展基层协商民主需要借力现有制度资源

“民主恳谈”的协商治理实践还表明，基层治理模式的创新需要借力现有的制度资源，实现由体制外的自发生长到逐步实现与体制内的基层民主制度的有机融合。也就是说，在现有的存量之外，先在改革阻力较小的增量上做文章，等到增量做大做强以后再用增量来激活存量。就改革成本而言，“民主恳谈”的成本相对较低，没有对既有制度安排和权力结构形成实质性的冲击，改革阻力和风险都相对较小，也具有实际可操作性。

中国有许多地方政府也尝试过政治体制的改革和创新，但是大多都昙花一现，最终消失或者无法坚持下去，究其原因还是在于改革的体制安排无法与现有的法律、法规和制度相协调，有的甚至有抵触。因此，基层协商民主的进一步发展必须寻求体制内的路径。就目前的基层治理体制考量，可以借助现有的体制内的资源，将协商民主在基层治理中的创新形式纳入到国家权力结构体系中去，实现协商民主从体制边缘到制度中心的空间拓展，为协商机制创造更多的活动空间，将基层协商民主形式导入可持续发展轨道。

（四）发展基层协商民主需要培育现代社会组织

“民主恳谈”之所以能够保持生命力和持续性，其深层次原因在于当地社会组织的大量出现。尤其是各种各样的商会协商非常之多，它们不但组织行业的经济和社会活动，而且与当地政府发生着广泛联系。除了各种商会，各种不同类型的工会组织也在不断涌现。这两类组织通过面对面的协商谈判，来解决他们之间的问题，例如工资协商就是这样产生的。另外，在“民主恳谈”的实践中，各行业各领域的专家学者、媒体记者经常出现。他们的出现并不是单纯“捧场”的性质，而是实实在在地发挥了“智库”的作用。例如，泽国镇在参与式预算中实行的“协商民意测验”，是在华中师范大学中国农村问题研究中心兼职教授何包钢的建议下从国际上引入的；新河镇将参与式预算与基层人大相结合，则是由世界与中国研究所所长李凡提供的思路。

曾有学者指出，中国村民自治的成长从上看需要体制性的行政放权，从下看则需要现代社会组织的发育①。这在温岭的基层协商民主实践中同样适用，不受政府支配的社会团体不但在促进国家与社会直接沟通上起到了积极的建设性作用，而且可以在一定程度上对公共权力形成制衡。公民通过各种非政府组织积极参与社会自治，在社会自治的实践中学会了相互妥协和宽容，塑造了公民的民主意识，提高了政治参与能力，而公民理性的力量和创造力则为基层协商民主的产生提供了坚实的社会基础。

第三节　基层协商民主实践的典型案例——广东顺德“决咨委”

佛山市顺德区作为广东省“简政强镇”事权改革的试点，在转变政府职能、创新社会管理方面做出了较多的积极探索。2010 年，容桂街道成立的顺德首个“公共决策和事务咨询委员会”（以下简称“决咨委”），更是成为政府决策科学化、民主化和透明化的典范。

本节以 2010 年以来顺德“决咨委”的实践过程为分析对象，试图揭示“决咨委”这种协商式治理形式的兴起背景，分析“决咨委”的运行特点，并从多个维度探寻“决咨委”所面临的挑战，在对其实践意义阐述的基础上，进一步挖掘中国开展基层协商民主的可能性空间。

一、“决咨委”在顺德的生成背景

当前，我国正处于全面建成小康社会的关键时期，伴随“新型城镇化”建设步伐的加快，城镇化的社会效应正在不断凸显，加快了这些地区的社会转型、社会阶层的不断分化和利益的多样化，多元主体间的价值观分歧和冲

① 徐勇：《村民自治的成长：行政放权与社会发育》，《华中师范大学学报》（人文社会科学版）2005 年第 2 期，第 5 页。

突逐渐成为社会关注的焦点之一。在此背景下，地方政府如何创新社会管理体制，有效吸纳和包容社会力量参与治理的诉求，成为当前社会良性运转的关键。作为一种咨询式基层协商民主的尝试，顺德“决咨委”的兴起正是为应对经济、社会的发展变化，立足于本土协商文化和社会资源，结合民主政治的规划目标以及新兴的治理理念所做出的一种积极回应。

（一）新兴阶层的壮大与协商需求的增加构成了协商民主发展的社会性资源

容桂街道位于佛山市顺德区南端，在不到 80 平方公里的行政区域内，拥有的超亿元企业便有 70 多家，上市公司 2 家，2008 年，实现本地生产总值 300.2 亿元，规模以上工业产值 1030.2 亿元，其各项经济、文化建设皆位居顺德区前列。在市场化改革的推动下，以顺德为代表的一些沿海地区其所有制结构和实现形式逐渐多元化，尤其是民营经济发展较快，总量迅速增加，规模不断扩大，成为当地国民经济的重要组成部分，经济增长的最大动力来源。经济结构的变化也导致了经济利益主体的多样化以及社会结构的多元化，出现了民营企业的创业人员，受聘于外资企业的管理技术人员，个体户、私营企业主、中介组织的从业人员，自由职业人员等社会阶层①。市场经济的洗礼使广大公民开阔了眼界，其思想的独立性、自主性以及寻求自由平等的权利意识不断增强，对于参与公共事务有着强烈的渴望，多元主义的社会现实意味着多元利益主体只有诉诸公共理性才能达成利益的充分协调和实现。由此激发的政治参与和协商对话需求构成了基层协商民主发展的内在驱动力，而新兴社会阶层的壮大为提高公民协商的质量增加了可能性。

（二）国家与社会关系的嬗变与重塑需要基层政府创新治理模式

亨廷顿认为，经济发展造就了新的财富和权力来源，这些来源独立于国家之外，而且会有新的功能性要求去分散决策权；更直接的是，经济发展似乎促进了社会结构的变迁，从而鼓舞了民主化的价值观②。出于协调和平衡

① 孙存良：《当代中国民主协商研究》，中国社会科学出版社 2009 年版，第 93 页。

② 参见［美］塞缪尔·亨廷顿著，刘军宁译：《第三波——20 世纪后期民主化浪潮》，上海三联书店 1998 年版，第 75 页。

利益关系、维护社会和谐、为经济平稳增长创造条件的考量，基层政府为不同群体提供自由、平等、开放的利益表达平台已成为题中应有之义。相反，如若相应制度供给不足，群众参与有限，则会造成双方的关系紧张。

容桂街道的建成区已达70%以上，辖区内可供开发空间所剩无几，在企业发展格局基本定型的条件下，已剥离了传统的镇街招商引资职能，更无须对企业的经营活动进行过多干涉。街道面临的任务是如何理顺政社关系，推进社会管理和公共服务体制改革，实现资源的最优配置。新兴治理理念认为，治理指的是一种由共同体的目标支持的活动，这些管理活动的主体未必是政府，也无须依靠国家的强制力量来实现①。因此，社会管理模式由政府管控型向社会协同型转变，政府不再是唯一的权力和权威来源，其部分职能逐步由大量非政府、非营利组织等第三部门承担，正是对当前治理主体多元化趋势的一种积极回应，也是国家与社会关系嬗变与重塑的必然要求。

（三）以治权改革为核心的混合型改革为社会治理模式转型扫除了体制障碍

尽管随着经济的不断发展，社会结构、利益格局出现了深刻调整和变动，但地方政府职能和社会管理方式却没有做出及时转变，难以应对社会管理事务日益复杂化、市民公共服务需求日益多样化、社会矛盾纠纷日益尖锐化等方面出现的社会变革。在这些因素的压力下，也为了顺应广东省“富县强镇”战略和顺德“大部制”改革的步伐，2009年11月，顺德区容桂街道启动了“简政强镇”事权改革试点工作：尝试理顺党政外部治理关系，把政府的部分权力归还给社会，以此来激发社会活力，主动培育和发展各类社会组织，并通过授权、转移或购买等方式来创新社会服务供给模式。

在顺德“大部制”改革方案中，采取决策、执行、监督行政权力三分的组织架构，在这个架构中最高决策机构是由党委、人大、政府、政协等部门组成的党政联席会议。而传统决策架构中吸纳民意的渠道十分有限，涉及多方利益的公共政策的制定和出台，领导的过往经验仍是影响决策的关键因素，难以确保决策的科学合理性。对此，顺德区从香港的咨询机构

① 俞可平：《治理与善治》，社会科学文献出版社2000年版，第2—3页。

中获得启示，设立专业的决策咨询机构，让社会各界人士在政府决策之前和实施中充分参与讨论，表达各自利益诉求，作为事权改革的产物——“决咨委”应运而生。

（四）独特的政治文化底蕴强化了治理创新的路径依赖

美国学者道格拉斯·诺思把“路径依赖”解释为“过去对现在和未来的强大影响”，指出“人们今天的各种决定、各种选择实际上受到历史因素的影响”[①]。阿尔蒙德也认为：“人们在过去经历中形成的态度类型对未来的政治行为有着重要的强制作用。政治文化影响各个担任政治角色者的行为、他们的政治要求内容和对法律的反映。”[②]

改革开放以来，顺德之所以取得领先全国的经济发展成就，最大的原因在于敢于突破和思想创新，“决咨委”的诞生一定意义上也延续了这个传统。从历史上看，中国曾长久保持着乡土自治的传统，顺德有50%的人口居住在农村，其社会结构还是以血缘关系为纽带的乡土社会结构。重新认识社会的力量，让一些职能重新回到社会，亦是从文化传统中汲取智慧。

另外，民营经济的发达，并不只是带来利益的需求，更重要的是，提高了当地居民观念上的自主性程度。本土的企业家有着较为强烈的地区归属感，他们既注重自身企业的经营，又关注当地的整体发展状况，因而要求在参政议政上能享有更多的知情权和发言权。“在缺乏民主的历史传统且市民社会力量相对薄弱的发展中国家，经济利益与民主实践之间的关联越紧，则民主政治作为一种新的价值观念和行为规范在民众中生根、成长的可能性就越大。”[③] 可见，在历史传统和当地环境的共同作用下，开放的政治文化氛围和民众强烈的政治参与需求，成为“决咨委”产生和发展的最大的内生动力。

---

① 参见［美］道格拉斯·C. 诺斯著，刘守英译：《制度、制度变迁与经济绩效》，上海三联书店1994年版，第3页。

② 转引自李景治、熊光清等：《当代中国政治发展与制度创新》，中国人民大学出版社2009年版，第388页。

③ 王旭：《乡村中国的基层民主：国家与社会的权力互强》，（香港）《二十一世纪》1997年4月号。

二、“决咨委”的运行特点

随着西方协商民主理论传入我国，加之党的十八大也对发展基层协商民主做出了重要部署，很多地方都在积极探索基层协商民主的实践形式，尝试将协商对话引入政府治理过程中，先后出现了诸如浙江温岭的“民主恳谈会”、四川成都的“村民议事会”、上海闵行的“公共项目评估”等具有各自地方特色的实践典型。广东顺德的“决咨委”凭借着更加专业、多层次的委员构成，规范、创新的咨询渠道，广泛、系统、常态化的决策咨询制度，形成了具有地域特色的社会精英参与公共决策、政府与社会互动的协同共治新局面。

（一）委员构成上更加重视专业性、多层次性

2010 年 1 月，容桂成为顺德第一个成立“决咨委”的镇街。委员会共有委员 40 人，从容桂的党代表、人大代表、政协委员、村居代表、新闻记者以及社会各界人士中选取具有较高参政议政能力的代表人物组成。在容桂先试先行的基础上，同年 9 月，顺德又成立了区“决咨委”，聘请 48 位来自顺德各个层面的杰出人士、省外专家学者作为委员。结合顺德的实际情况，《顺德区公共咨询委员会章程》（以下简称《章程》）对委员的构成设计了 4 类来源，除行政机关外，还囊括行业协会、镇街居民以及社会组织的代表，兼顾政府、企业、社会组织 3 个社会部门，结合了专家、精英和公众。其中，行业协会类、镇街居民类和社会组织类委员按规定需要有选举过程，以保证委员对选派者负责。由上述可以看出，委员的构成更强调专业性和多层次性。

（二）规范、创新的咨询渠道

与以往零散的听证会、专家座谈会等最大的不同在于，“决咨委”是一种体制外的架构，并有着制度化的尝试。区“决咨委”成立之初，便制定颁布了有针对性的“暂行办法”，用于规范其具体运作。根据《章程》规定：“决咨委”采用双月制和季会制的会议制度，讨论相关公共政策所涉内容。除了例行的座谈会，还有专门的决策咨询会、直接访谈、书面征询、专题购买服务等方式，确保公共决策充分吸纳专家意见；委员中省内外的专家学者，可通过承担研究课题的方式，向政府提供一些宏观性的、

方向性的意见；委员被邀请列席党政联席会议，监督决策落实过程，区政府还在电子政务公共平台（OA）上开辟“委员在线”栏目，方便委员随时查阅、提建议。为提高工作效率，不少“决咨委”开始与社会机构合作，进行服务外包，引入第三方参与相关文秘工作、研究调研甚至绩效评估。例如，容桂街道“决咨委”将文秘和会务等业务外包给容桂总商会，不仅有助于完善工作流程，提高工作效率，还因为第三方的出现让咨询工作更加规范①。

（三）功能适当、结构完整、层次合理的决策咨询体系

“决咨委”突破了既有智库分类的束缚，形成综合和专项互为补充的“新型智库”格局，作用更接近于十八大提到的“新型智库”。委员会被分成5个界别，可对全区经济社会发展战略、公共政策和措施的制定、重要项目安排以及其他公共事务进行咨询、论证，收集、反馈和分析社情民意。此外，根据区委、区政府的委托，“决咨委”承担了对重大事项和突出问题组织课题研究并提交研究报告的任务。自成立以来，顺德区不仅设立了4个区级“决咨委”，区属16个部门和下属10个镇街也均建立了相应机构，这种趋势还发展到非政府机构和社区机构，不少学校、医院、村（社区）等基层单位也建立起决策咨询机构。例如，容桂有5所学校试行校务咨询和监督委员会制度，容桂马冈、乐从葛岸等社区还成立了村一级的“决咨委”。乐从镇大墩村还专门成立解决农村改造问题的大墩村整体改造“决咨委”②。一个纵向上以区、镇（街）两级为主体，横向上向村（社区）和公营机构延伸的多层次决策咨询体系已在顺德初步成型。

三、“决咨委”的局限性和改进思路

虽然顺德已初步建立了一套广泛而多层次的决策咨询体系，协商决策咨询模式也较为规范化，有着制度化的尝试，对当地政府决策的优化和民主政治的发展起到了良好的推动作用。但该制度在现实层面的运作中，也

---

① 林丹：《容桂“决咨委”：探索决策咨询民主化之路》，《信息时报》2013年8月21日，第F2版。

② 参见朱亚鹏：《协商民主的制度化与地方治理体系创新：顺德决策咨询委员会制度的经验及其启示》，《公共行政评论》2014年第2期，第10页。

受到各种条件和因素的制约，亟须进一步思考和解决，否则将影响改革的成效和持续性。

（一）“决咨委”的局限性

1. 定位不明，行政性强而独立性偏弱

“决咨委”在组织上仍是作为党和政府的职能部门来设置的，同其他体制内的咨询机构类似，这就不可避免地存在行政性强而独立性偏弱的弊端。其一，在定位上，“决咨委”在政府决策体系中究竟处在什么位置尚不清晰，与人大、政协是什么关系也不甚明了，且成员存在大量重叠。至于是否咨询、咨询哪些委员、意见是否被采纳等问题，往往都由行政部门自主决定。其二，在研究选题上，关注的范围很可能无法充分涵盖与反映社会问题，特别在有些政策法规是部门自己制定的情况下，极易造成部门利益政策化。这样，独立性的缺失就使咨询建议失去了应有的客观性、公正性，也无法对决策起到弥补思考偏差的作用，使之沦为替领导已拍板的政策提供注释和寻找论据的工具。

2. 不同层级的发展程度和所起作用差别较大

首先，区镇两级“决咨委”的委员组成上差别较大。镇街和相关部门的委员更多来自基层，而区级委员更倾向于专家化和荣誉化。“精英”参与的好处是一定程度上能在政府与社会之间起到“缓冲”作用；其弊端是“往往形成‘代表专业户’，每次开会都是那几个人参加，真正民意的信息很难得到”，这些代表容易被认为是帮政府说话的人①。其次，区镇两级“决咨委”的功能差异较大。虽然制度上两级“决咨委”都定位为民意收集和政策咨询的机构，但实际上区级主要发挥决策咨询的辅助功能，更多是咨询性公民协商，旨在为决策收集信息，进行相应的论证；而有些镇街级“决咨委”则具有实质决策权，并起到一定的监督作用。最后，各镇街间发展程度差别也较大。例如，容桂街道早在2010年1月就率先成立“决咨委”，参与当地大小公共事务的决策，在范围、程度和效果等方面都具有准代议机构的作用，很大程度上弥补了街道没有人大和政协机关的不足；而乐从镇的“决咨委”直到2012年才成立，成员构成中的体制内人

① 何包钢：《协商民主：理论、方法和实践》，中国社会科学出版社2008年版，第104页。

员比重大，开展的活动较少，实际作用也就比较有限。

3. 缺乏实质效力，影响委员持续参与议事的动力

在制度设计上，“决咨委”只是一个咨询机构，并没有决策权。至于哪些算重大公共决策，哪些问题要提交其讨论，谁来评判咨询意见是否应该被采纳，都视具体情况而定，还缺乏硬性的制度规定。另外，还有一点不可忽视的是委员参与议事的动力如何维持的问题。例如，虽然容桂街道赋予“决咨委”委员可受邀列席街道党政联席会议的权利，参与讨论财政预算、市政设施建设等重要决策事项，但现实中党政联席会议讨论的许多事项都已经到了最后“拍板”的阶段，如果委员有异议，到底该如何决策？如果不发言，列席的意义又何在？由此可以看出，在政府吸纳民意进行决策的固定机制没有完全建立、反馈制度尚未落实的情况下，“决咨委”发挥作用没有程序性的保障，也很容易造成领导喜欢就多咨询、领导不热心就少咨询的局面。这样不仅起不到推动决策科学化、民主化的作用，而且在一定程度上削弱了“决咨委”的公信力。

（二）“决咨委”的改进思路

1. 委员来源更加多元化、管理更加规范化

“决咨委”所要提供的，不仅仅是知识和利益诉求，更需要考虑弱势群体的需要。这就要求其成员构成必须考虑不同的利益立场，尽可能使受决策影响的利益各方都能有代表参加，通过知识和利益的相互制约来平衡各方意见。比如，“决咨委”的成员可采取个人自荐、适当吸收意见领袖等方式确定，注意增强专家学者学科背景的多元化等。只有来源是多元的，委员所代表的利益才是多元的。同时，为加强管理，保证委员的到会率和参与度，鞭策委员提出真知灼见，将劝退机制写入《章程》必不可少。例如，2013 年，容桂街道就将劝退制度写入“决咨委”管理办法，规定如果委员经常出现缺席会议、不提交任何建议等不作为现象，将被劝退。

2. 实现独立、公开运作

虽然“决咨委”是在党委政府的领导下成立的，未来的发展也离不开党委政府的支持，但其主要的功能是对党委政府的决策提供参考意见，因而需要具有一定的独立性，不应只是行政机关的附属。公开透明，不仅是产生效力和塑造公信力最适当、最有力的途径，也是“决咨委”必须履行

的义务。这就要求“决咨委”把自身活动以及与行政机关互动的过程，包括行政机关的决策草案、委员的各方意见、“决咨委”的整体建议、行政机关的反馈（包括是否反馈、反馈的时间、理由的说明）等，都系统地呈现在公众面前，接受公众的监督，促进行政机关及时和认真的反馈。

3. 形成科学化、制度化、流程化的决策咨询制度

为让决策咨询在真正意义上能够得到采纳，而不流于形式，今后应完善“决咨委”的制度设计。比如，在进行决策审定时，能否从制度方面进行设计或者通过技术手段，对那些裹挟了个人或群体的意见进行屏蔽；同时发挥媒体监督和网络作用，建立更广泛的吸纳民意的渠道。此外，精简现有咨询体系，进一步整合现有平台，把区各工作部门设立的“决咨委”都合并到区一级，这样既能够全面统筹决策咨询，加强系统性和协调性，也可以避免决策咨询环节出现部门化。最后，考虑形成制度化、流程化的决策咨询制度。例如，规定哪些具体主题要交由“决咨委”咨询，不以长官喜好来决定；重大政策、文件出台前都必须经过“决咨委”参与和咨询等，从而在制度上保证决策的民主，让决策咨询成为一种刚性的约束。

四、“决咨委”对于发展基层协商民主的启示

（一）发展基层协商民主需要构建协商渠道、创新参与形式

社会主义民主需要一定的民主形式把可能性变为现实性。没有一定的民主形式，民主的内容就无法表达和实现。寻找适当的民主形式，对于建设社会主义民主政治至关重要①。基层各级政府应积极探索有效的协商民主形式，因地制宜，发展符合本地域政治特点的协商实践。首先，为协商民主提供发挥作用的平台。可以继续推动“民主恳谈会”“社区议事会”“决策咨询会”等协商民主参与载体的发展，根据议题和参与人群特点，制定相应的活动措施，如在民众层面建立恳谈会、议事会，在专家层面建立专门的项目评估会等多样化的形式。其次，深度挖掘现有治理资源。将基层现有的如人大代表工作室、政协委员联络室、信访接待室等服务或监督渠道进行有效整合，形成统一的基层民主协商平台。再次，创新参与平台及形式。利用现代科技手

① 张洪武：《协商民主从社区开始》，《重庆社会主义学院学报》2013 年第 4 期，第 71 页。

段，尤其是充分认识到网络通信技术的重要性，通过网络收集来自基层的民意民智，贯通协商民主与网络民意的通道，提高协商过程的开放性和时效性。只要有利于维护人民群众的权益，有利于实现社会公平正义，有利于促进国家长治久安，就应该以负责的精神和务实的态度，以高超的智慧和真正的勇气，积极探索协商民主的实现形式。

（二）发展基层协商民主需要优化基层治理结构

基层面临的是一个多重复合型的治理结构，横向上涉及基层党委、政府或派出机构、人大、政协、群众自治组织等主体，纵向上又牵涉上级党政机关以及一些社会组织，各主体在协商民主中分别承担什么角色能否划分清楚，将直接影响基层协商民主开展的实效。首先，基层党组织要发挥好领导作用，以确保坚持正确的政治方向。当然，领导指的不是控制，更不是统治，而是引导和激发。引导政府更好地理解社会公众的需求，引导基层居民树立集体观念和妥协意识，将社会活力和基层创造力激发出来。横向上，各地可根据历史经验结合现实条件，确定是由政府、基层人大还是基层政协扮演民主协商组织者的角色。它的作用在于制定和把握规则，引导协商参与者通过既定规则来陈述想法，使各方在规则的约束性下理性地协商交流，并最终达成共识。至于其他组织在协商民主过程中的作用和角色，则需根据协商事项的范畴等因素进行设计安排。纵向上，上级党委政府应给予制度空间和财政支持，在试点的基础上逐步推广。总之，要采取有效措施优化基层治理结构，理顺党政关系，调整党群关系，使各权力主体都能在基层治理中寻找到发挥作用的位置和空间。

（三）发展基层协商民主需要依法引导和促进社会自治

作为社会综合体制改革的重要一环，顺德“决咨委”设立之初的方向和共识在于：改革的参与主体不仅有政府，还有承接部分权力的社会组织、参与政府决策的群众、自下而上的权力监督等多元主体，这些主体正是推动“决咨委”一步步走向深入的关键因素。基层协商民主的参与主体主要是公众，社区精英和社会组织在其中发挥着重要作用。因而，大力培育社会组织，充分调动民间力量和资源参与社会治理，真正做到放权于民，防止城市社区协商民主流于形式，是推进基层协商民主建设的重要内容之一。为此，一方面，要依法引导和鼓励社区精英和新兴社会组织参与基层治理当中，发挥治理主体与公民之间的桥梁纽带作用；另一方面，将政府部分职能下放给社会，扶持一批专业性强、具有社会影响力、公众认可度高的社会服务团体，激发民间力量参与社会服务的热情。依法引导和促进社会自治发展的意义就在于：依法规范公权力，防止公权力对社会自治的过多干预；同时，依法创建公民参与社会管理的机制。当公民都可以通过自己感兴趣的社会组织，以组织化的形式参与社会治理，“协同共治”的烙印才能深深嵌入社会，也就真正实现了良法善治。

（四）发展基层协商民主需要注重体制机制和程序建设

社会主义协商民主的优势在于是“真协商”和“真民主”，而协商的制度化是其真实性的根本保障。协商的制度化要求协商的动议、协商的程序、协商的反馈与监督都要有一套刚性的制度约束。协商民主作为一种有限的直接民主形式，其有限性体现在群众不可能参与任何事务的决策，只能参与和群众自身利益密切相关的决策。因此，首先需要明确的就是基层协商民主的权限范围，这是推进基层协商民主的前提和基础。尤其是规定什么议题必须经过协商，使其有边界、有制度的保证，从而避免协商的随意性。其次，实现协商程序的制度化，即对协商的组织者、协商议题的提出主体、协商参与人员的构成和产生、协商的启动权限、协商中各主体承担的角色、协商后如何达成共识等具体环节进行详细的规定。最后，监督制度化，即以制度的形式确立人大、政协、民主党派和群众对协商过程与结果的民主性与合法性进行监督的主体地位与监督程序。今后的努力方向是：在经验的摸索和实践过程中，原则化的规定具体化，制度化的规定上升到法律层面，只有法律化的制度才能有权威。

目前，一些地方的治理创新常常由于领导更换导致政策不稳定、不连续，很大程度上在于治理创新的开展只与政绩相联系而无制度约束。由此可见，能否在法律层面对基层协商民主有一些较为具体的制度化规定，是避免基层民主“人走政息”的决定性因素。

第四章　基层协商民主的制度认同

与如火如荼的基层协商民主实践相适应，近年来学界也掀起了研究基层协商民主的热潮，其中既有宏观叙事与说理，也有大量微观的个案实证研究，所涉内容十分广泛，大致可概括为三个研究路向：

一是基层协商民主的意蕴与价值。学者们对基层协商民主的基本内涵进行了本土化的解读，突出其中国特色，强调基层协商民主是发展中国特色社会主义协商民主的基础性工作。有学者还进一步分析指出，基层协商民主“作为一种民主实践形式，不仅有力地改变着当代中国的治理方式、民主观念，而且切实地为中国民主政治建设提供了一种新的观察视角和可行的实践路径”①；基层协商民主对塑造理性且成熟的公民社会大有裨益，能够及时开启协商对话的平台，有助于将非制度化的对立转化为体制内的有序参与，从而化解基层社会矛盾，维护社会稳定；基层协商民主还是一种治理型民主，在价值禀赋、治理机制和运行效果等方面具有优势，能提升基层治理的效率和基层治理现代化的水平等。

二是基层协商民主的实践模式和发展路径。学者们对当下各地的基层协商民主实践进行了大量实证研究，详细剖析了温岭的“民主恳谈会”、顺德的“决咨委”等模式的运行状况，概括总结了决策性公民协商、听证性公民协商、咨询性公民协商、协调性公民协商等基层协商民主的基本形态；提出了“嵌入式”与“体系化”互补的基层协商民主推进路径；强调在基层协商民主过程中，要把党的政治优势转化为基层民主协商共同治理的社会优势，充分发挥基层协商民主的功能，等等。

① 陈家刚：《基层协商民主的实践路径与前景》，《河南社会科学》2017 年第 8 期，第 2 页。

三是基层协商民主发展过程中存在的问题与成因。学者们从经济水平、社会结构、文化传统、公民素质、制度因素，以及基层协商民主的运作过程等方面对此进行了全面剖析。特别是有学者尖锐地指出，尽管已经有了国家层面的政策引导与支持，但目前大规模的、规范且有效的基层协商民主实践局面并没有很快形成，已有的基层协商民主实践成效也难说理想。包括笔者在内的很多学者在调研时发现，基层干部和群众对协商民主究竟应该怎么开展、究竟能有多大作用普遍持迷茫、观望甚至怀疑态度，即便“宁波、台州两地的基层协商民主已经落地生根、开花结果，但观望者仍然很多，甚至认为是假创新，阳奉阴违，流于形式”①。可以说，目前基层协商民主的发展还缺乏坚实而广泛的社会心理基础，对其功能、作用和价值还缺乏必要的社会认同。

包心鉴先生曾指出，发展基层协商民主，“关键在于制度的优化和完善……通过制度和体制的力量形成吸引人民群众广泛有序参与的基层协商民主新格局”②。而“制度的力量”归根结底还是源于人们对制度的认同，只有获得了与此制度相关之大多数人的认同和尊重，这项制度才能够有效运行，基层协商民主的制度建设当然也不例外。由此可见，制度认同建设在发展基层协商民主中具有十分重要的作用，是个非常值得研究的问题，但目前学界还鲜有从这个视角来研究基层协商民主的，这也恰是本章研究的立意之所在。

第一节　制度认同的理论阐释

“认同是人类行为与动力的持久源泉”③，一种制度只有得到民众的普遍认同，即得到共同体成员对该制度价值上的认可和行为上的自觉，才能

① 杨卫敏：《从“温岭模式”到浙江特色——浙江省各地探索基层协商民主的实践及启示》，《观察与思考》2016 年第 7 期，第 81 页。

② 包心鉴：《把党的政治优势转化为民主协商共建共享的社会优势——关于基层协商民主的调研与思考》，《中共天津市委党校学报》2017 年第 4 期，第 7 页。

③ 张汝伦：《经济全球化与文化认同》，《哲学研究》2001 年第 2 期，第 17 页。

实现有效运转，才能更好地调节成员间的相互关系。良好的制度认同状态，对于发展基层协商民主具有十分重要的作用。

一、制度认同的含义

“认同”源于英文“identity”一词，但是这个概念却包含三种含义：其一是“同一”，强调在不同时空条件下某物与另一事物的关系，突出的是事物之间的一贯性；其二是“归属”，指的是个体或群体的属性，它是不同个体和群体辨识各自不同属性和活动的特征；其三是“赞同”，指的是个体或群体对事物或观点的肯定，它是主体对某个个人、组织、团体或者观点的支持、肯定的态度和判断①。在这里，“认同”主要包含的是政治文化意义，犹如一个国家如果由于外来势力的殖民等因素，使其本民族、国家的政治与文化处于衰弱和濒临灭亡的状态，人们就是失去对本民族的政治认同，而出现认同危机，也就是政治文化上的认识危机。“认同”一词，虽然最初由19世纪末20世纪初的弗洛伊德提出，但它的发生与广泛使用，却有其特殊的时代背景和对现代世界各民族国家持续不断发生的各种经济、政治、思想的重大变故的解释力。

对于“制度”的含义，不同学者从不同学科角度出发有着各自迥异的看法，新制度经济学派代表学者诺斯认为，“制度是一系列被制定出来的规则、守法程序和行为的道德伦理规范，它旨在约束追求主体福利或效用最大化利益的个人行为”②。在诺斯看来，制度提供了“人类相互影响的框架，它们建立了构成一个社会，或更确切地说一种经济秩序的合作与竞争关系……而这种框架约束着人们的选择集”③。吉登斯则从社会学角度出发提出，“我们把在社会总体再生产中包含的最根深蒂固的结构性称之为结构性原则，至于在这些总体中时空延伸程度最大的那些实践活动，我们可

① 参见刘骞：《全球化语境下的宗教认同与公民身份互动分析》，《世界宗教文化》2013年第2期，第13页。

② ［美］道格拉斯·C. 诺斯著，陈郁等译：《经济史中的结构与变迁》，上海人民出版社1994年版，第225—226页。

③ ［美］道格拉斯·C. 诺斯著，陈郁等译：《经济史中的结构与变迁》，上海人民出版社1994年版，第225页。

以称其为制度"[1]。在吉登斯看来，制度是实践活动的形式，二者是同一问题的两种不同表现。而在历史唯物主义看来，制度作为人的行为规范，其外延包括了人的一切活动领域，最根本的是生产制度和社会的经济制度。在马克思那里，制度不能仅仅归结为社会普遍意志的法律和伦理范畴，而是一整套完整的由经济基础和上层建筑这两个相互联系的层次组成的社会制度[2]。

结合上述对"认同"和"制度"的定义，笔者认为，"制度认同"指的是公民因对一系列被制定出来的规则、守法程序和道德伦理规范的承认和肯定而产生的一种情感上的归属感，在对其公平正义价值认可的前提下，公民愿意主动遵守和维护这一体系。具体而言，其包含两方面的内涵：一方面，它是公民自由实践和集体协作的产物；另一方面，这种对制度的信仰和情感是建立在人们理性选择基础上的，并且对其有效性有着乐观预期[3]。

二、制度认同的构成要素

制度认同问题的实质在于探寻制度的合法性问题，前文曾提到马克思·韦伯从"利益情形"和"价值理性"来分析制度合法性来源的问题。而民主制度作为一项追求幸福生活的工具，观察其是否健康发展，主要的指标是百姓对于该项制度的满意度。民众给民主制度打分的标准有很多，除了管理效用、利益满足、社会福祉等因素外，关键要看政府在该制度的实际运行中是否有一个秉持公平与正义的灵魂。可见，重构制度认同必须从根源和心源两个维度下手：根源问题往往与民众的利益相关，这是由制度设计的合理性和运行绩效决定的，即制度正义；而心源性因素则与民众对政党和政府，以及该制度所蕴含的价值观的认同有关，即价值认同。两者缺一不可。

（一）制度正义

制度正义作为社会和谐的基础，是维持人类社会秩序的基本前提。改

① ［美］安东尼·吉登斯著，李康等译：《社会的构成》，生活·读书·新知三联书店 1998 年版，第 85 页。

② 参见林岗、张宇：《马克思主义与制度分析》，经济科学出版社 2001 年版，第 254 页。

③ 参见高兆明：《论多元社会的价值整合》，《江海学刊》2001 年第 5 期，第 96—103 页。

革开放以来，市场的不断放开带来了社会物质财富的迅猛增长，而这些物质财富如何实现公平正义分配，日益成为人们关注的焦点问题。而这一目标的实现离不开相应配套制度的执行和规范，由此引发了人们对建立公平正义制度的期盼：制度设计者能否秉持公平正义的理念，对于制度的评价标准由理想道德的渴望逐渐向程序正义的转向，即制度能否实现价值正义和工具正义的统一，这就是制度正义问题。

然而，人类社会的向前发展归根结底依赖于经济发展和物质财富的增长，因而人们关注制度安排和创新问题时自然而然地大多从经济学角度出发，尤其是在现今市场经济背景下，经济学意义上的“效率”成为制度改善和创新的主流评判标准，似乎在谈到制度问题时道德因素逐渐沦为次要位置，制度的工具价值远远凌驾于伦理价值，这就远离了制度创立之初服务于广大民众的初衷。当然，我们也不能否认在现代社会中，强调制度的工具价值大大激发了人们创造财富的热情，近现代社会所创造出的物质文明远远大于几千年以来人类社会发展的总和便是其佐证。但这种热情并不总是正能量的，有时会以“恶”的形式表现出来，如只顾经济增长而忽视对环境的保护，只注重经济效率而忽视公平等。这意味着一部分人在追求自身社会价值的同时大量损害了他人生存发展的空间，而这必然给社会的稳定发展带来隐患。对此，人们又重新关注了制度的道德属性，这就是制度的伦理问题，即制度内生的某种伦理原则和价值诉求，同时包含了对正义、公正的维护和判断。

“正义”作为人类社会的价值选择和理想追求，是在一定历史条件下产生的，并在一定范围内实现的，是人们对于各种利益合理分配的理想理念、规则和状态。“制度”为社会有效运转提供了规则，它是社会成员间互动的制约性准则，涵盖了政治、经济、文化等各个方面。制度伦理的首要原则便是正义原则，如同罗尔斯在《正义论》的开篇所说的：“正义是社会制度的首要价值，正像真理是思想体系的首要价值一样。”[①] 换句话说，制度失去正义，也就失去了存在的价值。

---

① ［美］约翰·罗尔斯著，何怀宏等译：《正义论》，中国社会科学出版社 1988 年版，第 50 页。

正义是制度的灵魂，是社会的良心。失去了正义的制度就成为无源之水、无本之木，必然失去对生活的指导和约束作用，亦如罗尔斯所言："一种理论，无论它表面上多么完美，只要它不真实，就必须加以拒绝或修正。同样，某些法律和制度，不管它们如何有效率，只要它们不公正，就必须加以改正或废除。"① 社会各个成员的基本权利与义务能够得到公平合理的分配的前提在于，制约社会运行的制度体系坚持公平正义的原则，也只有正义被确立为制度的首要价值原则时，制度才能得到人们自觉的遵守和维护，制度的社会约束功能才能更好地发挥。而这一切，都归属于"制度正义"为社会营造的公平正义的环境，只有如此，才能实现物尽其用、人尽其责，让一切的人力资源充分涌流，最终实现每个人的自由而全面的发展。

（二）价值认同

"价值认同"是政治哲学家或社会治理者高度关注的一个问题，社会秩序的稳定往往同一个社会的制度或体系的认同度有关。近现代以来，英国的宪章运动、法国大革命、俄国十月革命乃至中国的五四运动，其中的共同特征便是对其旧的制度或理念的革新，所以政府或者国家能否将国家、政党与民众的利益、价值理念有机地统一起来，是保证其法理存在的一个重要手段。价值是客体对主体需要的满足，因此，"价值认同"就是人们通过实践交往而在观念上产生的对政治和文化意义的核心价值的认可和同意。

首先，价值认同与认识有关。在我国，有关核心价值的认同，往往习惯于从宏观层面来考察。这种考察方法虽然有利于从宏观上分析社会的一般认同状况，但它无法解决个体认识和认同的深层次问题。只有深入到个体心理认识的微观层面，核心价值的认同才有可能真正深入人心。心理认知是认同的基础，但并不等于心理认同。心理认同是在心理认知基础上的情、意、念、行的逐步上升的结果。信仰则是认同的前提，而认同则是信仰在认识上的必然结果。由于价值是指客体对主体需要的积极满足，认同

① ［美］约翰·罗尔斯著，何怀宏等译：《正义论》，中国社会科学出版社 1988 年版，第 3 页。

的经历也是一个价值的认识和选择的过程，并且实践总是在一定的目的、意图、信念指导下的。就个体认识而言，人们只有通过选择和树立一定的价值信念和信仰，价值才能真正付诸人们的实践行为中，人们才可能自觉地在实践中去践行这种价值信念和信仰。

其次，核心价值是政治与文化内涵的有机统一。社会主义核心价值体现了以中国共产党人为领导核心的当代中国物质文明、精神文明和政治文明建设的政治方向、政治目标和历史使命。以爱国主义为核心的民族精神，是社会主义集体精神和马克思主义历史唯物主义的集中体现，兼具政治意义和伦理价值的诉求；而以改革创新为核心的时代精神，则是特定时期人们的政治文化精神特征的集中体现。以“八荣八耻”为例，虽然主要是指伦理道德价值，但是这些伦理道德价值继承了我国传统的优秀文化，规定了当代人们的政治、经济和日常生活的实践理性和原则。

最后，价值认同建立在实践交往的基础上。核心价值是政治与文化内涵的有机统一，当代的政治与文化内涵，完全是建立在社会主义经济基础上的观念形态，社会主义生产方式本质上是社会主义条件下人们的生活方式和活动方式。认识来源于实践，无论是政治文化的认同，还是认识论的认同，都是实践交往活动方式的结果和产物。离开了社会主义条件下人们的实践交往活动方式来谈认同，价值认同就会变成无源之水、无本之木，就可能背离马克思主义的基本原理，与唯心主义的意识、观念的认可和同意相混淆。

三、制度认同对于发展基层协商民主的重要性

实现基层协商民主的健康持续发展，最重要的是民众对其价值的认同，认同的实质是理念的分享或趋同。在探讨如何实现民众对基层协商民主制度认同之前，梳理制度认同在基层协商民主中的现实价值是其基本前提。

（一）制度认同有助于基层协商民主基本功能的发挥

基层协商民主不仅是推进社会主义民主政治发展、保证人民群众当家作主的具体形式，也是推动政府决策更加合理和正当、提升基层民主治理能力的重要途径，还是解决群众的实际困难和问题、化解基层社会矛盾的

有效办法。但是，基层协商民主这些基本功能的有效发挥还有赖于外部条件的支撑，尤其是民众的认同、支持与积极参与。例如，我国新时代的社会矛盾呈现多元化的特征，民众的利益追求和价值倾向多样化，这就要求在制度层面不断完善利益分配和协调机制，拓展民众的诉求表达渠道，而基层协商民主可以创造这样的平等对话与沟通交流的平台。但是由于长期以来，中国的社区（乡镇和城市社区）缺乏不同群体对社区重大问题表达真实意见的有效机制，大多数情况下还是靠少数社区精英来决策，部分地区民众仍普遍保留着浓厚的“青天”“告御状”等情结，造成当地居民对“上访”有着特殊的“偏好”，出现利益受损时往往采取相对极端的方式，以期引起公权力的“同情”或是“注意”，从而给予公正的处置。

因此，要想充分发挥基层协商民主的利益协调功能，必须加强制度认同建设。要使民众充分了解和认同协商民主的价值功能、制度安排与行动准则，在利益产生分歧时能主动寻求合法化的途径解决，在协商的过程中自觉履行平等、团结的义务，特别是通过对少数弱势群体利益的尊重，推动政治共同体内部的理解和融合，培育共同体成员间的公共理性，从而维护社会和谐与稳定。

（二）制度认同有助于降低基层协商民主的运行成本

良好的民主制度可以最大限度地约束个人或组织在追求自我利益过程中的排他行为，从而降低共同体间合作的交互成本，保证共同体成员经济和社会活动的自由性与有序性。正如阿尔蒙德所言，“能够成功地利用这些需求或感情推动力的政体，可能降低其实施政策所花的代价，或者保持一种超过其能力的表面价值的生产力水平”①，基层协商民主获得了广泛的制度认同，就可以大大降低其运行成本。

民众在对民主参与投以最大的热情和忠诚的同时，能够自觉地树立妥协意识，具备公共理性，在协商过程中能够正视共同体成员间存在的资源和信息不对等的现状，给予每个利益相关者充分表达和伸张的权利，由此形成的协商结果即使不能体现所有利益相关者的权利，对利益受损者也会

① ［美］加布里埃尔·A. 阿尔蒙德、小 G. 宾厄姆·鲍威尔著，曹沛霖等译：《比较政治学：体系、过程和政策》，上海译文出版社 1987 年版，第 468 页。

有相应的补偿，这样，协商民主就不会陷入一种反复没结果的状态。同时，建立在协商共识基础上的决策结果，因为体现民众的集体意志而具备合法性，在实施过程中能够得到共同体成员的一致认同和支持。此外，出于对政治输出的满意，共同体成员在遇到利益分歧时能够主动地采取合法协商的形式去解决，既降低了行政部门的动员成本，也避免了分歧的扩大和矛盾的激化，解决基层社会问题所需的人力和物力消耗也会明显减少。

（三）制度认同有助于基层协商民主的健康、稳定和持续发展

制度认同本质上体现出的是民众对政治系统的信任，是政治情感的一种表现形式，亦是重要的社会资本。“如果人们感到他们的总体生活在民主制度下一直进展顺利，那么这种感觉将会产生对制度较为深厚、弥散和持久的支持基础。”① 检视各地开展的一些基层民主自治活动，之所以成效不佳，除了部分是因为超过了现有政策框架外，大多数源于其制度本身得不到民众内心的支持和肯定而流于形式，最终不了了之。基层协商民主作为社会主义协商民主体系中的重要一环，在缓解基层矛盾、构建和谐社会中发挥着巨大的现实作用，是党和政府的一项长期基本国策，要想避免重蹈覆辙而健康、稳定、持续地发展，除了需要政府提供配套的制度供给外，民众的支持和实质参与才是其“扎根”的基础。只有大力加强制度认同建设，才能够营造发展基层协商民主所必需的良好的社会心理环境。

第二节　制度正义
——基层协商民主制度认同的前提

基层社会利益关系纷繁复杂，一些地区在推行民主制度时往往事倍功半，甚至引发一些学者对当下国内民众是否具备民主素养产生怀疑。事实上，究其原因更多的是制度非正义因素导致的。制度的不正义弱化了民主制度的有效性，甚至在一定程度上激化了社会矛盾，加剧了社会风险。从这一点看，民主制度内生的正义性和制度执行的有效性是民主制度是否具

① ［美］马克·E. 沃伦著，吴辉译：《民主与信任》，华夏出版社 2004 年版，第 99 页。

备正义性的关键，关乎中国特色协商民主稳步推进的成败，这就需要我们重新审视制度本身的正义问题。

一、制度正义的影响因素

公平正义是制度的灵魂，是社会的良心。正是因为坚持公平正义的原则，社会制度才能对所有社会成员的权利与义务做到公平的分配，才能获得社会成员的广泛认可，从而更好地调节和约束社会成员之间的行为。制度正义的核心思想是保障公民基本的生存权利，并融入平等、自由等基本价值理念。从内容上来说，它是指将意识形态上的正义理念融入现实的制度之中，并通过法律条文、行政法规，以及各种团体内的自治条例的形式保障核心理念的贯彻实施。由此可见，制度正义的目标体现为制度内生的正义性和制度运行公正性的有机统一。

（一）制度内生的正义性

制度内生的正义性，是指制度在其建立之初时是否被赋予了正义的属性。具体来说，它包括两个方面：

第一，以正义观为指导建立制度。这里所指的制度完全是概念性的，制度的性质和内容完全由正义观决定。即使是同样的制度，用在剥削阶级专政的国家，它是统治阶级维护其地位与利益的工具；而用在社会主义国家中，制度则完全是为了实现人民的利益。可以这样说，正义观决定了制度设计的属性和内容。例如，无政府主义的“公正即互助”“公正即无统治”的正义观，主张废除一切国家权威、奴役剥削和任何形式的统治制度等，要求建立无政府的制度；功利主义的以“最大多数人的最大幸福”为原则的正义观，在此指导下的制度以实现最大多数人的利益为宗旨，这种制度即以牺牲部分人的自由和幸福为代价，也被认为是正义的；从以亚当·斯密为代表的古典自由主义者到以诺齐克、哈耶克为代表的新自由主义激进派所持的正义观，则认为最好的、公平正义的政府，其职能应该是有限的；提出“平等自由主义”观点的罗尔斯则认为，正义的政府在社会分配时应设计相应的制度去维护社会公平。上述观点这些表明，制度的设计和建立都离不开正义观的指导。

第二，这种正义观基础的合理性。制度内生的正义是指何种制度才是真正正义的，就是对支撑制度的正义观的合理性的追问。那么，什么是正确的、合理的正义观？它不是功利主义所追求的人与人之间普遍共性的正义观，也不是自由主义所强调的人与人之间的特殊差别。事实上，人类社会发展至今，的确存在这一种既符合目的性，能够正确解决人与人、人与社会发展之间的关系，又符合规律性，强调维护好人类社会与自然之间的和谐关系的正义观。这种正义观与社会存在的发展相适应，与效率、人道等价值观念相协调[①]，是建立在对人与人以及人与物（包括自然界和社会）的关系正确认知的基础上的，它要求建立的是一种即兼顾权责统一又能维持社会秩序稳定和向前发展的制度[②]。

（二）制度运行的公正性

制度运行的公正性是指制度在实际执行中的公正，主要包含两个方面的含义：

第一，制度形式上的公正性。所谓制度形式上的公正性，主要是制度程序的公正性，这就要求制度具备公开性和参与性。制度建立后最重要的是运作和执行，这是因为作为一套规范体系和社会活动模式，制度即使赋予了团体内成员一定的处理社会关系的能力，这种能力也只是观念上的，并不具备现实性，因而要想将其转化为现实的社会能力必须付诸实践。同时，公正性的制度的含义和内容必须是公开透明的，只有团体内成员对制度获得充分的知晓，才能够谈得上遵守；如果制度内容不公开或者模糊不清，制度也就无章可循，更谈不上违反制度原则。制度不仅应该是公开和透明的，而且应该让所有制度适用者都有机会参与到其制定、实施、监督、修订的过程中。公正的制度不止于公开，还应是公众广泛参与的结果。公正的制度中，团体内的成员不是被动接受的角色，而是在自尊、理性和要求得到充分尊重前提下的主动遵循。

第二，制度内容上的公正性。所谓制度内容上的公正性，是指将对公民基本权益保障在内的自由、平等等价值理念融入现实的制度中去，并且

---

① 参见麻宝斌：《政治正义的历史演进与现实要求》，《江苏社会科学》2003 年第 1 期，第 163 页。

② 参见彭定光：《论制度正义的两个层次》，《道德与文明》2002 年第 1 期，第 26—30 页。

以法律条文、规章制度以及具体实施机制等形式加以实现。制度建立的初衷在于实现社会正常有效的运转，因此制度的内容必须对社会成员的基本权利给予保证，这样才能在社会上树立底线意识，维护社会成员的基本生存尊严。当然，制度建立所适用的对象往往不同，内容上也必然千差万别，但是就社会基本制度而言，符合现代社会特征的制度，应该具备以下三个特征：（1）政治上，公民的基本权利得到平等的、切实的保障；（2）经济上，实现按贡献分配基础上的共同富裕；（3）社会上，提供社会成员均等的发展机会，尤其是教育权，保留足够的社会流动渠道，保障公民基本生产权利，提供最低生活保障、基本医疗救治等。

二、制度正义在推进基层协商民主中的作用

李普塞特就民主巩固问题提出，民主制度能否应对好两重挑战，方能确定其正当性：一方面是如何使一般公民在信念上，以及政体的制度设计和实际运作上，对民主的内在价值产生认同；另一方面，则是民主制度能否从工具性层面上来获得民众支持，即证明民主是有用的。所谓内在价值，指的是民主纯粹作为政治生活所追求的一种基本机制，而与政权所保障实现的诸如富裕、繁荣、公平、正义等价值追求未必能完全重叠。所谓工具性，则是指民主能否解决在社会经济发展中所出现的问题，从而展现有效的治理。民主制度欲追求长期稳定，必须能同时满足这两个条件，缺一不可。如果无法同时满足，那么短期而言，内在价值面往往比治理工具面对于稳定与否的影响更大，但长期来看，治理工具面若能产生相当绩效，确实能在某种程度上弥补内在价值面的不足。

制度正义作为处理人与人、人与社会关系的最高价值标准，承载着人们对理想社会生活的向往。基层协商民主制度作为一种新的民主治理形式，能否坚持制度正义，便是衡量制度合理性和合法性的根本标准。

（一）强化协商民主制度的约束性

制度正义要求制度的实施主体是公正的，并且能切实落实这种公正观及其相应的规范、规则和社会活动模式。个体在与群体的互动中形成规范，只有良性的互动才能促成规范的认同，这是因为激发互动主体认知的改变、扩大信息交流、引发从众行为，通过促进个体对自我范畴内不确定

或非理性行为的反思和纠正，从而增强团体凝聚力①。

在基层协商民主中，规范可以促进行为主体对于组织实体的认可或认同。每一个公民都应该对他人的正当权益表示尊重和理解，即使有不同意见也能够理性地沟通和对话。同时，对自身的利益要通过合理合法的途径向他人和政府进行诉求，并能提出合理正当的理由，不能只是简单地提出个人的要求和偏好，更不能采取不正当和暴力的手段。例如，近几年来，由征地拆迁、农民工讨薪、劳工权益维护等引发的利益冲突，大都属于人民内部矛盾，可以通过协商、谈判的理性方式解决。在应对征地拆迁群体性冲突时，如果政府采取行政手段强制执行，常会遭遇民众的抵制，一旦措施不当容易激化干群矛盾；如果采用花钱的手段去息事宁人，则容易招致一些“钉子户”漫天要价。在这种背景下，最好的办法就是通过协商民主的制度安排，使政府官员和基层群众就大家关心的利益问题，进行面对面的交流和协商，尽量考虑所有相关利益方的合理诉求。通过商议，公民可能发现一场冲突是由于误解或缺乏信息沟通造成的，或者双方可能通过讨价还价、谈判和妥协逐渐找到解决冲突的方法②。于是，协商民主中的协商渠道、协商机制、协商程序等会演变成一种实实在在的认同或集体意愿而得到遵守。制度规范和制度认同互相影响和建构，一方面，制度规范影响共同体成员的利益和行为并建构制度认同；另一方面，制度认同反过来也建构制度规范，认同、利益、政策之间的互构造就了环境结构，同时环境结构也塑造了社会利益，进而促进结构与单元体之间的良性互动。

（二）引导和规范公民美德的实践

制度正义是道德与法治的统一，也就是说，制度正义不仅是道德的，也是合法的，道德规定着合法，道德通过合法来指导制度的实施。道德本质上是一种社会规范，但不具备外在的约束力，因此道德约束只能对社会起到辅助作用。和道德相比，法律对国家政治的影响更为直接。法律是国家治理的首要手段，道德不可能成为独立的治国手段，特别是在治理形式

---

① 参见［澳］迈克尔·A. 豪格、［英］多米尼克·阿布拉姆斯等著，高明华译：《社会认同过程》，中国人民大学出版社 2011 年版，第 210、213—215 页。

② 参见［美］阿米·古特曼、丹尼斯·汤普森著，杨立峰等译：《民主与分歧》，东方出版社 2007 年版，第 41 页。

或操作层面上。也就是说，德治必须在法律实体的框架内发挥其治国的作用。

程序正义的协商民主政治实践具有任何政治说教都不及的教育功能。首先，公平正义的制度设计有助于民众养成理性的表达行为。理性的表达行为是利益表达能力的关键，也是维持利益表达秩序，使之在制度化、规范化、有序化的环境中进行利益诉求的必要条件。它符合整个社会价值和道德伦理要求的利益需求衡量体系，能使民众形成理性的、客观的、符合社会公共利益要求的利益衡量标准，并通过将自身以及别人的利益需求与衡量标准的对比，发现问题，且能及时调整和纠正利益需求，使之更符合公共利益的需要。

其次，公平正义的制度设计更好地处理了专业理性和价值理性的关系。事实上，协商是一个多种理性相互博弈的过程，其中以专业理性和价值理性最为重要。专业理性是以专业角度对公共问题的技术性、可操作性的分析，而价值理性则是对公共问题的价值意义的判断。对于公众来讲，在协商过程中通常不具备专业理性，这也是协商民主对参与者素养要求更高的表现。通常情况下，专家学者往往在技术和理论知识方面占据优势，这样就导致形成了精英占主导地位的决策形式，技术理性往往呈压倒性优势。而公平正义的制度设计，通过引入公众的参与，提供了正当性与制衡，对民众而言，在协商中以价值理性作为认知判断工具，可以避免陷入专业误导的困境。

再次，公平正义的制度设计有助于民众养成理性的信息获取能力。在信息时代，各种知识信息以爆炸式的速度增长并呈现在世人面前，民众所面对的信息有多种来源，互联网、广播电视、报纸杂志以及人际关系传播等，这些信息孰真孰假，民众若仅凭感性、直观的认知去判断，是无法得知真相的，而且这些信息也并非都是有用的，大部分信息会干扰公众视线，造成公众的误解。公平正义的制度设计的特征之一是信息的透明，基层协商的过程也是民众间相互交换信息的过程。协商参与更多的是从个人体验出发，需要民意的多元表达，因此参与者在协商的过程中既从权威机构中获取了真实的信息源，又在信息交换过程中锻炼了自身关键信息的提取能力。

（三）提高协商效率，促进结果公正

程序公正制约着协商的动议、协商的过程、协商的结束，从而赋予了基层协商民主以极大的公正性和规范性。换言之，通过正当的程序性，有助于形成人们对协商的信仰，维护协商本身的价值，赋予协商以尊严。正如科恩所言，合理的多元主义是民主发育的温床，合法性的维护是通过集体协商决策的程序以及在此过程中对公平正义价值的尊重来实现的[①]。

基层协商民主制度的程序公正可以看作是决策获得合法性的规范性要求，保证了协商民主在实践中从选题调研到协商讨论再到落实反馈，都有着一套严格、具体、科学的操作程序。公正的协商程序不但保证了协商效率，更是确保协商结果公正的先决条件。换言之，协商民主程序化能够保证人们实体性权利义务的实现，约束权力和权利，以保障协商可做出理性决定。诚然，即使协商民主一如批评者所言，协商和讨论有可能不是减少而是加大了分歧，最后决策的达成不得不借助于投票，而不是协商一致的结果。我们也有充分理由认为，协商民主的程序性特征和价值有助于增进其合法性。在协商过程中，人们被允许公开地发表自己的意见，这种程序性机会将使人们更愿意支持讨论的结果，即使他最终对集体选择保留意见。这里的原因涉及一种潜在的心理作用，即如果投票之前允许人们自由、平等地讨论，他们就会觉得该决策过程比较公正，这种“看得见”的直观公正感会使他们更愿意服从或支持决策结果。其内在的缘由是，协商民主的程序性特征使得协商民主的讨论过程具有独立的可信度，人们很少会再去怀疑其结果本身的合理性，而是自然地去接受这一结果，因为他们认为没有另一种选择比现在的选择更加合理。

三、基层协商民主制度正义的困境

制度正义反映在政治生活领域，首先体现为一种规范性的理论和价值原则。一个公正的基层协商民主制度应该包括以下几个方面：一是提供平等的机会，包含作为平等利用的机会平等、作为平等起点的机会平等这两

---

① 参见陈家刚：《协商民主：概念、要素与价值》，《中共天津市委党校学报》2005 年第 3 期，第 55 页。

层含义；二是确保公正的政治过程，即社会的运行规则要无差别地对待每一个社会成员；三是实现公平的结果，主要是协商结果在满足大多数人利益的同时，也要兼顾少数人的权益。在实践上，基层协商民主制度价值目标的完美实现，有赖于具体操作层面一系列动态机制的合理安排。

当前，检视各地如火如荼进行着的基层协商民主试验，其在实际运作过程中也面临着实践与价值间张力的考验。基层协商民主制度存在的渠道不畅、形式异化，以及程序性和法理性相对缺位的困境，导致了部分地区仍存在着重形式、轻内涵，强调协商而淡化民主的现象。这在一定程度上挫伤了民众的参与热情，同时也让民众对基层协商民主制度的公正性产生质疑。

（一）基层利益表达渠道不畅

“理性经济人”假设认为，人们在面对利益选择时能够在各种行动方案中甄别出最有利于实现自身利益最大化的方案。尽管该说法被证明存在一定的不足，但事实上人们也只具备“有限理性”，这对分析居民参与基层协商民主的动力来源具有一定的参考价值。也就是说，基层协商民主的议题是否与居民的切身利益有关直接影响其参与热情，当然这里所说的利益包含物质利益和精神利益。可以得出这样的结论，如果居民通过参与基层协商民主，有助于实现其个人目标，并在此过程中满足了利益需求，那么这种参与动机就会得到强化；如果相反，参与的热情便会降低，直至产生抵制情绪。例如，从理论上看，城市社区民主化进程相比农村有着更好的经济、文化基础，居民参与基层协商有着更强的自觉性。但是，有关调查显示，农村居民的协商参与度反而比城市社区更高，原因在于，农村协商参与的公共事务与他们的自身利益密切相关，比如宅基地、土地承包、集体经济等。不过，这种调查结论也有偏颇之处，如果不将宅基地、土地承包、集体经济这些事关农民利益的事务纳入民主协商，农民们还有参与的积极性吗？因此，社会利益机制的缺失并不是说，社区公共事务对社区居民没有太大的利益关联度，关键还在于能不能将关系社区居民利益的公共事务都纳入协商民主程序。

另一方面值得注意的是，在基层协商民主开展较好的地区，都在制度层面赋予了协商渠道的法律层面的地位。即使在国家的制度设计中，政协被认为是协商民主的主要渠道，但是协商民主最终还是需要拿出决策的，而稍显尴尬的是政协在国家政治序列中只具备建议权，这就使得政协的协商过程和结果基本上不具备法律效力。因此，我们可以看到，在实际的基层协商民主中，协商机构一般是由政府或者人大这些有表决权或执行权的部门牵头，即使在南京市秦淮区的基层协商民主中，基层政协虽然扮演着主渠道的作用，但是每次协商会议总是需要区级或街道政府负责人列席，以达到让群众积极参与的效果。这种不固定的协商渠道造成的结果是：一方面，容易导致政策的“朝令夕改”“人走政息”；另一方面，也丧失了自身的权威性，使得民众难以对其产生信任感。在一些主要领导不那么“开明”的地区，这样的渠道也许还没有，民众只好转而选取传统消极的甚至不合法的表达方式。

（二）基层协商形式的异化导致“差序信任”

基层协商民主的顺利推进离不开公众的信任与合作，这种信任与合作的形成是需要一定条件的。具体来说，基层协商民主的制度设计应该赋予公众应有的政治参与的权利，从而更好地为公众利益服务。现阶段基层协商民主的开展，如果从动力因素分析，尽管部分地区存在国家与社会合力的作用，但是大多数地区还是在政府强力主导下进行的。虽然政府相比社会组织具备一定的渠道和人力优势，掌握着更多的社会信息，所消耗的组织成本也相对较低，但是在基层治理过程中，政府在促进居民参与过程中的角色定位还存在偏差；在实践中，由于政府单方面推动基层治理的制度关系，出现了政府行政干预过多的现象，这也影响了制度的公正性。具体体现在参与主体由于缺乏动议的主动权、议题的决定权、协商中的自主权和成果落实的监督权而难以对基层协商民主产生实质性的认同。

首先，动议的主动权掌握在谁的手中是衡量“真协商”“真民主”的一个重要标准。笔者通过对众多协商民主试验“典型”的考察发现，无论是“民主恳谈会”“决咨委”还是“协商议事会”，协商会议的召开与否，协商主体几乎没有主动权，地方党委政府仍牢牢把握协商的动议权。诚然，协商的频率不是越多越好，但是如果民众对于何时协商没有主动权，现实中存在利益分歧或受损的情况就不能及时解决，这样对“真民主”的认同度便会明显降低。

其次，协商中民众在议题的选择、参与权和议程的控制上缺乏自主权。一些地区的基层协商民主试验在实践中，协商议题往往在年前的工作计划中就安排好，民众没有多少选择余地；对于协商参与者，较多采用党委政府指派形式，协商主体多是体制内人士或是精英阶层，协商的结果自然很容易偏向特定部门群体或特殊群体；协商过程中，部分党委政府对政治方向引领的理解不够透彻，把引领理解成领导甚至是完全控制，刻意垄断话语权或支配商谈过程，这样的协商过程过多地渗透了政府的意志，形成的决策并不是真实的一致同意。

再次，基层协商作为一个系统性工程，不仅是一种民主决策机制，而且也具备对决策执行中的偏差纠错的功能。然而，在对协商结果的处理中，一些协商的结果往往被搁置。在缺乏反馈机制的情况下，民众更因无法监督结果的落实情况而认为没有得到真正的重视，并产生一种受骗的心理，从而引发对整个制度的不认同，进而对该制度的行政主体——基层政权失去信任。

（三）协商制度的程序性和法理性缺失

当前，基层协商民主建设作为政治体制改革和国家治理现代化的重要一环，正处于发展的关键时期。制度的优劣与否对基层协商民主的整体发展具有根本性、全局性和长期性的影响，建立和完善基层协商民主制度可以为居民参与提供良好的制度保障。但是，目前基层协商民主制度存在程序性和法理性的相对缺位，其粗放性、原则性的特点，严重影响了基层推进协商民主制度的实际效果。

首先，没有充分保护协商者的权利。协商民主与选举民主是相辅相成的关系，尤其是二者都涉及参与者的选择问题，因此，不可能存在协商民主可以有限发展而选举民主可以延缓甚至搁置的情况。但是，目前我国基层单位在对居民选举权如何落实方面缺乏相应的法律规定，以社区选举为例，部分地区的选举存在暗箱操作等不透明的现象，但是居民并没有更多实质性的监督渠道。在农村，一些涉及村民的重大决策，具体组织者、参与者，以及参与的权利和责任、参与内容、参与途径等具体操作程序都没有明确的说明，这就留下太多的弹性空间，容易使基层协商沦为形式。

其次，原则化的法律说明过多缺乏具体解释。现有的原则化和抽象化的制度说明，必然导致制度执行过程中出现随意性、缺乏严肃性等问题。例如，作为基层群众性的自治组织，城市社区居民委员会的自治性质、职能、地位等在有关法律条文中并没有明确的说明，因而导致其在开展基层协商民主时的地位略显尴尬，既容易导致其职能虚化，也降低了其权威性，更给政府行政权力的过多干预留下了空间。

再次，相关法律规定存在滞后性。例如，《城市居民委员会组织法》《村民委员会组织法》等法律法规的制定时间都是在改革开放初期，修订工作滞后，当前已经明显不能适应社区治理和基层推进协商民主的需要。民众参与基层协商没有国家层面的制度保障，很容易形成基层协商只是权宜之计的印象，其参与热情必定大打折扣。

第三节　价值认同
——基层协商民主制度认同的核心

改革与历史发展的经验证明，一项制度即使看起来十分完美，如果不能得到民众内化于心、外化于行的认同和践行，就不会获得长久的生命力。可见，基层协商民主若要获得持久深远的发展，民众对于协商民主内在价值的认同是先决条件。

中国特色协商民主蕴含着以和谐共存、求同存异、兼收并蓄等为基本内容的道德伦理观念，是中国几千年政治和文化发展的集中体现，其丰富的价值理念，必须通过主体认同才能得到传承和发展。价值认同包括利益认同和道德认同，利益认同是价值认同的前提和基础，道德认同是价值认同的表现形式。因此，只有辩证地处理好二者关系，才能有效地推进协商民主的核心价值认同。

一、价值认同的影响因素

价值形态的说服力决定了一种制度体系的生命力，而这种说服力体现在其能够在个人利益和公共利益之间起到良好的协调作用，在满足个人私利的前提下，逐渐使个人利益趋向于公共利益，最终实现二者方向性的一致。制度规范是在一定意识形态指导下建立起来的，是一定价值理念、伦理道德具体化和实体化的体现。价值认同正是在促进利己冲动、实现利益认同的前提下，充分发挥了公共道德的约束和限制功能，进而塑造了道德认同。

（一）道德认同

民主价值的本质是人与人、人与社会的关系。道德则对人与人、人与社会之间的关系起到调节作用。因此，民主价值和道德必然有着密切的联系，具体到政治自由和政治平等，它们的相互关系及其变化、发展也是以特定的道德体系为基础的。

1. 道德认同实际就是政治文化意义上的价值认同

认同的原初意思就是伦理道德认同。价值与认识有关，当人们认识到自己的活动与时代，与本民族、国家的政治和文化的意义一致时，那么就产生了政治与文化意义的价值认同。如果一个国家由于外来势力殖民等因素，使其本民族、国家的政治与文化处于衰弱和濒临灭亡的状态，人们就会失去对民族的政治认同，也就出现了认同危机。相反，如果一个国家在与外来经济贸易文化交往过程中，始终坚守自己的政治与文化意义，那么，也就等于实现了对本民族政治与文化意义的价值认同。可见，价值离不开选择，价值选择也不可能从天而降，它务必要经过一个道德认同的过程。这就是说，价值认同是道德认同的结果。

2. 集体主义是中国特色协商民主的道德原则

西方协商民主的道德基础，是以自由主义为代表的、个人主义为重心的自由和平等，而中国特色协商民主的政治自由和政治平等则以集体主义为道德基础。“集体主义是社会主义政治制度的政治规范和道德准则，是支撑社会主义政治制度的具体价值，是共产主义价值形态的具体化。”① 集体主义原则是调节个人与个人之间、个人与集体之间权利冲突的道德基础。如马克思和恩格斯所说的：“只有在共同体中，个人才能获得全面发

① 王邦佐：《中国政治体制改革的成就和发展路径》，《政治学研究》2003 年第 2 期，第 24 页。

展其才能的手段，也就是说，只有在共同体中才可能有个人自由。”① 民主价值的特殊性之一，在于它是属于社会关系范畴的价值类型。从主体之间关系的角度看，社会关系正是个人与个人、个人与集体之间关系的总和。因此，民主价值不仅要以政治原则为基础，而且要以道德原则为基础。

这在社会主义市场经济体制不断完善的进程中体现得尤为突出。改革开放唤醒了人们对个人权利的追求，由此导致个人与个人、个人与集体之间在利益追求上、需求一致上的困难，从而造成社会矛盾不断增多和激化。而一个稳定和谐的社会秩序直接决定着我国全面建成小康社会任务的成败，因此，现阶段需要一种具备说服力的核心价值观念（包括抽象化的价值取向和具体化的道德准则），能够有效地协调好个人与个人之间、个人与组织之间以及组织与组织之间的利益关系，在坚持国家利益高于一切的基础上，既强调集体利益的重要性，又能充分保护和尊重个人对利益的追求，同时还能积极调动各类群体的能动性，让一切创造社会物质、精神财富的资源形成合力。

（二）利益认同

人天生就有着趋利避害的自然属性和生理属性，并且“无论在其市场活动中还是在其政治活动中，人都是追求效用最大化的人”②。18 世纪法国唯物主义学者爱尔维修认为，人的精神是由所生活的社会环境决定的。一个民族或时代的道德之所以不同于另一个民族或时代的道德，都是因为它们之间的利益不同。“利益支配着我们的一切判断”，“如果自然界是服从运动规律的，那么精神界就是不折不扣地服从利益规律的。利益在世界上是一个强有力的巫师，它在一切生灵面前改变了一切事物的形式”③。这里的“判断”，既可以是一种事实判断，也可以是一种价值判断。如果作为价值判断，那就是说，一切价值判断皆以利益为依据。

1. 价值理念不能离开利益

价值理念与利益是相对而言的，“思想”是与精神、思维、意识、观

① 《马克思恩格斯选集》（第 1 卷），人民出版社 1995 年版，第 119 页。

② ［美］詹姆斯 · M. 布坎南、戈登 · 塔洛克著，陈光金译：《同意的计算：立宪民主的逻辑基础》，中国社会科学出版社 2000 年版，第 25 页。

③ ［法］爱尔维修：《论精神》，转引自北京大学哲学系外国哲学史教研室编译：《十八世纪法国哲学》，商务印书馆 1963 年版，第 457、460 页。

念、理论等一系列概念相关的，而相对于主观精神、思想，利益在这里就是客观的物质利益。价值理念离不开利益，是指价值理念的前提与基础是利益。唯物主义认为，意识并非凭空产生，“意识一开始就是社会的产物，而且只要人们存在着，它就仍然是这种产物”①。意识起源于劳动实践，语言是意识的现实表现形式，人们是自己意识、观念、理性的生产者。唯心主义炮制的无大脑的理性，独立于人的存在之外的绝对精神是根本不存在的。社会存在决定社会意识，而且随着物质资料生产和物质交换的发展，社会现实被改变的同时，社会意识也发生相应的改变，即“不是意识决定生活，而是生活决定意识”②。也就是说，价值理念的形成与人类社会精神、物质生活的发展息息相关，社会上有什么样的利益形式便会形成相应的价值理念。

2. 利益认同是道德认同的前提与基础

作为分析概念，价值认同可以分为形式与内容。价值认同的形式是道德认同，其内容和实质是利益认同。价值认同是道德认同的内在要求。价值是客体对主体的满足，道德认同又以利益认同为基础。形式上道德认同表现为对思想理论、宣传说教的认可，但是从本质上看，其是在某一方面对主体具有一定程度上的满足或者方向一致。可见，道德认同是价值认同的表现形式，只有那些对主体某种需求产生满足的价值选择才能得到主体的认同。例如，马斯洛在其著作《动机与人格》的论述中，把人的需要分成了五个递进的层次，分别是生理、安全、归属与爱、尊重和自我实现。而弗洛伊德所说的身份认同问题，实际上是出于人的归属的需要。这五种需要虽然不能完全包括社会和个人需要的所有方面，比如社会发展的需要、社会和谐的需要等，但是马斯洛对个人需要的几个方面的分层无疑有一定的合理性。但问题是，马斯洛把需要完全看成是主观的动机，这是不科学的，比如生理的需要，就是物质的，而不是主观的。认同与认可虽然是思想的，但是绝不是主观动机无缘无故自生的。这就是说，认同并非是一种来源于主观需要的认可，道德认同的基础是客观的物质利益。

---

① 《马克思恩格斯文集》（第1卷），人民出版社2009年版，第533页。

② 《马克思恩格斯文集》（第1卷），人民出版社2009年版，第525页。

二、价值认同在推进基层协商民主中的作用

意识形态的重要性取决于它是否被动员并用于支持或强化其他行为动机——尤其是用以支撑特定的规范，战时的民族主义动员充分说明了这一点[①]。无论是在东方还是在西方，价值认同对于社会治理的意义都是不言而喻的。通过威权或个人的权利固然可以在一定层面上形塑认同，但是，权利只有在共享一定的目标或利益的条件下才发挥作用，其背后的机理在于对精神作用或思想的认同[②]。因此，在制度执行过程中，包括制度执行者在内的约束对象，如果认为制度体系的价值预设或是在实践中体现不出公平正义和基本的善，就会对制度产生抵触情绪，在行为上表现为消极应对，从而在客观上降低了制度的合法性。相反，如果约束对象对于制度体系维护公平正义表示认同，追求共同的善，便会产生心理上的认同和归属感，对制度产生内心的遵从。

（一）激发民众参与基层协商的动力

民主巩固学说十分推崇民主信念在民主制度稳固中的作用，这是因为制度对行为体而言是一种外在性的约束，而行为对制度来说是一种现实转换。假使行为者特别是执政者民主信念不强，一旦制度约束力不强时，民主就有可能产生倒退。有学者认为，民主巩固形成的过程是民主制度、民主行为和民主理念多项互动和作用的持续结果，它的表现是民主理念在制度化的保证下逐渐发展成民主的行为方式，并通过不断的强化逐渐形成行为习惯。还有的学者认为，民主巩固需要以民主制度的不断完善做前提，更需要对民主的维系有相应的支撑体系，而这一支撑体系就在于精英阶层的社会责任和社会民众对于民主制度和民主价值的坚定信仰。因此，民主的价值和文化氛围必须在社会中生根发芽[③]。中国特色协商民主的价值偏好本质上是一种“己所不欲、勿施于人”的公德体系，它追求底线道德和

① 参见［美］乔恩·埃尔斯特著，陈秀峰等译：《政治心理学》，吉林出版集团有限责任公司2010年版，第153—154页。

② 参见［美］拉塞尔·哈丁著，刘春荣等译：《群体冲突的逻辑》，上海人民出版社2013年版，第38—41页。

③ 参见陈尧：《转型范式与民主巩固概念》，《教学与研究》2007年第9期，第76—82页。

底线制度。建立在协商基础上的公德体系是每一个有理性的人都能接受并遵守的。

一直以来，民众参与基层协商民主的动力应如何维持，是学者和基层治理者最为关注的问题之一。动力无非来源于两个方面：制度外部的督促力和制度适用者内部的原动力，而这里的原动力可以理解为民主价值偏好。即使处于同一地域的行为者，在不同时期，其行为偏好也会有着不同的表现。偏好具有的这种可变性，既影响制度的形成，反过来又受到制度的约束。政治偏好就是面对立法机构制定的法律或者行政机构出台的决策，与其相关的利益各方出于自身考量而对其做出的支持或反对的行为表征①。在当下中国，一部分具有公共情怀的社会人士，关注社会民生，积极投身社会公益，渴望为社会进步贡献精力和热情，而各种形式的基层协商民主正是这部分公民投身公益活动的重要渠道。一方面，他们出于灼热的公民热情，对相关协商事务有着较为深刻的了解，能够颇有成效地完成协商任务；另一方面，由于他们与协商事务没有直接利害关系，在协商过程中能够持较为客观的立场，他们的意志对于协商结果能够起到平衡非理性因素的作用。当协商民主的参与者能够以一种平等、包容的姿态吸纳众多利益相关者参与协商的时候，当协商是基于不同利益、不同视角和多种信息进行的时候，当协商不仅鼓励自我诉说并且重视倾听对方的时候，当协商将决策的达成视为可变、可错并且为未来的修正预设了动态开放的路径和空间的时候，它更有助于人们理解意见本身的意义，更有可能为正确意见和方案的发现提供源源不断的活力，从而也更有可能得出相对全面、合理的决策。

（二）培育协商参与者的责任意识

价值认同的形成，昭示着集约性身份的形成有助于个人自发地融入某一种群体并成为“集体自我”。例如，著名的文化社会心理学家哈里·特里安迪斯将自我分为“私密自我”“公共自我”“集体自我”。他分析说，“个我”或“独立我”处于社会关系网络中，依据个体在网络中的位置进

① 参见陈家刚：《协商民主：概念、要素与价值》，《中共天津市委党校学报》2005 年第 3 期，第 54—60 页。

行定义，表现为一个“有边界、独特的、自主和自足的实体……当内群与外群的边界更为明显时，人们选择集体自我的可能性更大”[①]。这就是说，从“个我”到“集体自我”的转化是身份趋向同一的一种表现。集体协同性概率的增加将会导致群体凝聚力不断加强，这个时候自我身份与集体身份成为一体并造就“个体社会”，进而对群体行动产生影响。

而协商治理精神的本质意味着政府权力的下移和分散，但同时也意味着政府把更多的责任转移给市民社会，这有利于提高市民社会的责任性。民主价值蕴含着权责统一的精神。首先，在平等协商的过程中，要让每个参与者认识到责任与权利的统一性，参与者在协商中既是权利的行使者，也是义务的履行者。其次，协商民主本身是一个公开讨论的过程，也是人们讨论支持或反对某种观点的过程。它既肯定公民在一定规范内运用公共理性参与政治生活对于政治道德实践的指导意义和对社会普遍利益实现的重要价值，同时它也尊重国家与社会的界限，允许社会成员具有多元、异质、分散的特点。再次，协商的过程也是明确责任的过程，它包括了协商过程中形成让每一个成员信服的理由；真诚地、耐心地回应他人的质询和观点；在理性思辨的基础上纠偏自己观点的不足，包容他人的有益说法[②]。它要达到人们普遍接受某种观点的目的，需以“较好论证”作为公共政策的依据。因为参与谈论是以“较好论证”为前提的，而且每个人都对它做出了贡献，所以参与者都对它认同，也对它负责，这样就形成了集体责任感。而且由于责任性明确，集体共担，也就便于公共决策的执行。

（三）增大达成协商共识的可能性

现代社会的利益越来越多元化，公民之间、公民与政府之间的矛盾不可避免。当遇到矛盾时，公民必须具有协商意识，也就是说，公民要有互惠、包容、理解、法治等品质。协商民主认为，决策的合法性来自于所有与其利益相关者的直接或间接参与。这种参与应该是平等和广泛的，决策结果的形成是参与者就该问题各自发表意见形成一致的体现，公民平等参

---

① 转引自［美］赵志裕、康萤仪著，刘爽译：《文化社会心理学》，中国人民大学出版社2011年版，第143—145页。

② 转引自［英］马修·费斯廷斯泰因：《协商、公民权与认同》，参见陈家刚主编：《协商民主》，上海三联书店2004年版，第319页。

与本身就能赋予决策过程公平、公正的政治正当性，进而使得协商民主具有合法性。集体讨论将会限制有限理性，进而促进社会在应该做什么或什么是正确的问题上达成一致意见。而一旦更多的社会成员达成一致意见或基本共识，他们将更可能自愿地服从共识基础上的决策，并共同努力来实施它[①]。

中国特色协商民主以和谐共存为协商主旨，又以寻求社会意愿的最大公约数为最大归宿。协商民主并不强求所有问题进行决策时一定达成全体一致的强共识，也不要求所有参与协商的成员被迫改变自己的合理看法，而是提倡各方在协商互动的过程中不断地推进妥协与合作。协商的议题都是与村（社）居民切身利益息息相关的，并且有着得到参与者首肯的协商程序作为保障，各个协商主体出于利益需求自然对公共事务有着浓厚的兴趣。在具体对话中，协商讨论的过程也是他们提高政治素质、掌握专业知识、树立公共道德的绝佳时机。由于在真正的协商过程中，只有具备公共利益一致性的观点才能具备普遍说服力，因此，所有参与者在此过程中优化了自身对于公共事务的理解认识，不断修正自己的观点，并在此过程中逐渐形成公共理性，加强自己的逻辑推理能力，而经过公共理性筛选后的一致认同将会发挥非凡的约束力。所以，在正义制度和共识理念指导下的协商参与过程，既是参与者政治实践的发展过程，又是培育主体凝聚力、认同感和向心力的过程。

三、基层协商民主价值认同所面临的挑战

尽管民主价值理念对于推动中国基层协商民主建设具有重要的促进作用，但是，市场经济发展催发的利益主体多样性、社会多元化趋势带来的协商主体政治资源和能力不对等、历史和现有环境造就的公民民主素养匮乏等因素，对协商民主价值认同建构造成的障碍，我们也不能忽视。可以说，中国基层民主发展到当今阶段，已进入了一个瓶颈期，陷入了多重困境。基层民主能不能实现可持续发展，民主价值认同障碍是我们要重点思

① ［美］詹姆斯·费伦：《作为讨论的协商》，转引自［美］约·埃尔斯特主编，周艳辉译：《协商民主：挑战与反思》，中央编译出版社2009年版，第58页。

考的问题。

（一）利益主体多样性致使达成协商共识困难

罗尔斯曾说过，“在政治生活中，即使是基本问题，期待达成全体一致，都是极难实现的”[①]。这一现象的产生，正是因为人们对于社会应该是怎样、生活应该是怎样有着大相径庭的看法，而这些看法似乎有着难以消除的差异[②]。但是，民主政治的顺利开展与社会同质性之间有着莫大的关联。民主涉及大多数人，而现实情况是多数人的利益诉求很难实现一致，甚至可能存在根本的对立。一方面，伴随基层社会结构向城镇化和社区化的转型，社会成员文化上的同质向异质的转变、利益取向上的一元向多元方向的变化逐渐实现，社会矛盾普遍化的现象也不可避免地出现；另一方面，无论以怎样的努力和知识追求理性，人们都不大可能达到对事物的全面认知和理解的程度，人们拥有的往往只是有限理性。事实上，人们的认知能力和逻辑推断力存在偏差，由此造成的达成社会共识的困难，我们必须正视而不应回避。这也可以看作民主的内在张力和不可避免的冲突性。

随着社会的不断发展，不同群体利益分化的现象愈发明显，这也造成利益矛盾冲突的不断加剧。在农村，随着城镇化进程带来的宅基地征用、集体收益的分配、土地置换等问题，使村民之间、村民与村集体之间、村庄之间的利益差别不断加深，这些纷乱复杂、众口难调的利益分配问题一旦处理不好，便会激化村民情绪、影响干群关系。在城市社区，由于社会流动的加快和社会成员“原子化”的趋势，社区成员间的陌生关系使得社区自治组织在调动他们的民主兴趣时往往带着满腔热情却得不到积极回应，人们对于公共利益持有一种消极态度，即“我没有的别人也没有”，大家都等着别人出头，这同“三个和尚没水吃”是同样的道理，最后的结果不但是谁也得不到，而且可能加深邻里之间的矛盾和漠然态度。

（二）协商主体政治资源和能力不对等影响参与实效

理想的协商民主倡导公民自由、平等、理性的协商来取代简单的多数

---

① ［美］约翰·罗尔斯著，万俊人译：《政治自由主义》，译林出版社2000年版，第417页。

② 参见［美］戴维·赫尔德著，燕继荣译：《民主的模式》，中央编译出版社2004年版，第234页。

决策规则，强调协商过程和结果，促使各利益主体的诉求都能得到充分的尊重和体现，并且在协商过程中，协商参与者都处于平等地位。一方面，平等参与可以突出公民的主体价值。公民参与协商民主，即使自己的意见没被采纳，他也在协商中平等地公开发表了自己的意见，是自我被社会尊重的表现。另一方面，公民平等参与公共决策协商，可以使决策权力广泛分布于社会个体中，从而规避了权力走向独断的危险。

然而，现实中基层社会存在的经济层面的不平等必然向政治生活领域延伸，映射在协商民主中表现为必然导致协商主体间存在政治参与能力不对等的现象，主要表现在：第一，政治参与机会不平等。在协商民主运行过程中，那些占有物质资源较少的人参与协商的可能性与那些占有更多物质资源的人相比，要少很多。这并不是说经济贫困的人就一定缺乏民主精神和民主愿景，而是一系列直接的原因妨碍了他们参与民主。比如，谋生的需要使得他们没有空余的精力和时间去了解协商对象，去收集协商所需要的材料和依据，仅这一点，就使得协商民主的参与者在事实上具有不平等的倾向。第二，语言表达和情景应变能力上不平等，这也是影响协商民主实效的重要因素。由于社会行为主体从事职业的不同，在人格塑造过程中训练的场域各有不同等，有些职业决定了部分行为主体有着天然优良的塑造合格公民的条件，他们在无形中具备了口才、逻辑思维、情景应变的能力。因此，他们在协商过程中更善于表达，也能更积极地表露自身的利益诉求，往往成为“意见领袖”引导观点陈述的方向；而一般民众由于政治资源和能力的欠缺，在协商中往往处于被支配地位，不但无法完整陈述自身的利益需求，更谈不上提出使他人信服的观点，在实际协商过程中易被“意见领袖”以公共利益的名义对其需求进行裁剪、限制甚至忽视，最终将达成的政策共识引向对弱势群体不利的一面。

（三）公民文化的缺位带来民主价值认同的阙如

公民文化是公民对共同体的态度取向，包括公民待人处事的态度、行为习惯、道德准绳和价值判断。公民文化与协商民主二者之间有着相辅相成的关系：一方面，良好的公民文化有利于协商民主的顺利开展；另一方面，公民通过参与协商民主培养了良好的公民文化。一种稳定有效的治理系统，除了依靠治理结构和执行制度，更多时候需要政治文化在人们形成政治倾向的过程中发挥潜移默化的作用。除非政治文化与民主系统能够实现很好的调适，否则，这种民主系统很难获得成功的机会①。事实上，协商民主对公民的参与质量有着较高的要求，它所设想的是公民在自由、平等和彼此尊重的前提下的理性交往。这就需要公民具有独立、宽容和理性等公民文化价值和理念，如果公民缺乏民主政治需要的这些技能和美德，民主社会就难以运转。

由于历史传统及现实因素的双重影响，当前我国“公民”对公民身份的认识存在误区，映射在政治领域就体现为部分公民在政治参与中，仍然存在着参与动机不足和无序参与等不良现象，影响协商民主的价值认同。

公民在民主选举、民主管理、民主监督等政治行为中大多处于被动服从的角色，这是其参与动机不强的主要表现。“臣民意识”的历史惯性一定程度上也遏制了公民履行政治责任的主动性，尤其缺乏对自身政治权利的认识，认为社会事务只是政府的事情，这种意识不清甚至无意识的状态导致基层协商民主缺乏实质的生长土壤。另外，在长期形成的政府主导一切的经济、政治体制下，基层居民自治组织完全从属于政府，其自身缺乏更多的支配空间，因此很难有足够能力引导民众主动参与到社会治理中。即使有了一些居民参与，也只是流于形式。

无序参与体现为一些公民在政治参与时，人情、亲情、功利等偏好为主要内容的非理性思维占主要位置。原因之一在于中国传统文化中的“差序伦理格局”使得部分公民在具体的政治参与（如民主选举）中以感性中的亲疏远近为主要衡量标准，而不能以公共理性和社会共同利益作为决策时的首要参考标准。原因之二在于市场经济造就了一些公民主体性的畸形增长，个人功利性思维逐渐占据上风，他们在具体的政治参与中往往突出“自我”利益，导致共同体内的成员之间缺乏足够的信任。

此外，还有一点不可忽视的是，受中国传统文化的影响，官本位的意识根深蒂固，使得一些协商组织者对基层协商民主的推广起到了消极的作用。一部分官员没有看到公民在基层协商民主中应该享有的权利，而是认

---

① 参见［美］加布里埃尔·A. 阿尔蒙德、西德尼·维巴著，徐湘林等译：《公民文化：五个国家的政治态度和民主制度》，华夏出版社 1989 年版，第 545—546 页。

为这是政府对于民众的施舍，甚至认为民众不具备民主素质，搞基层协商只会影响政策的执行效率。在这种理念指导下的基层协商民主往往只有协商没有民主可言。

第四节　基层协商民主制度认同的建构路径

基层协商民主制度认同的建设是项长期工作，需要秉持耐心在实践中不断摸索和改进，同时也需要开拓创新，积极探寻有效的建构路径。笔者认为，这项工作仍应从制度正义和价值认同两个方面着手。

一、坚守与彰显基层协商民主的制度正义

当代中国基层民主政治建设还处于生长发展阶段，在实现形式和实践途径上与我国社会主义民主的要求还存在较大差距。基层协商民主不同于以往的基层选举民主，其作为公共利益与私人利益的制度整合性设计，对于体现协商民主精神，提高基层民主政治制度创新能力，具有重要意义。基层协商民主作为中国特色协商民主的重要一环，其有待推进和完善的内容不仅广而深远，更是政体改革中全面推进国家治理现代化的重要突破口，既涉及客体和本体，又与组织和机制有着千丝万缕的关联性。因此，它需具有一套完整的运行程序，在法则、命令与执行系统等方面有一个严格的规范。

（一）完善基层协商民主制度的程序性和规范性

制度化是一个广义的说法，包括民主的规则化、程序化、法律化。邓小平曾指出，“制度好可以使坏人无法任意横行，制度不好可以使好人无法充分做好事，甚至会走向反面”，因此，制度问题“更带有根本性、全局性、稳定性和长期性”①。这一要求同样适用于基层协商民主的协商程序设计，具体性的要求要比原则性的说明要好，人性化的设计要比一般性的非人格化规则要好，经过参与者斟酌后形成的规则要比组织者单方面制定

① 《邓小平文集》（第2卷），人民出版社1994年版，第333页。

的要好。一些地方基层协商民主之所以办得成功，大多是把加强制度建设摆在首位。例如，从笔者所能查询到的秦淮区政协有关部门的经验材料中，秦淮区政协就基层协商民主建设出台了几十个文件。这些文件以文本的形式将协商程序固定下来，使人们对协商的规范性和稳定性有着理想的预期。正如在调研中，一位街道政协工委主任谈到的那样，如果民众不相信这一制度的政策是持续的、可被执行的，那么我们怎么能够要求老百姓主动参与呢?

因此，要实现基层协商民主实践的可操作性与实效性，就必须制定周详的协商程序和规范，以明确、具体的操作程序代替方向性和原则性的政策提倡，消除程序空当以防止出现基层干部把控协商过程的现象，进而保障协商民主有序进行。

1. 精心规划协商议题

协商议题的确定要结合本地发展实际，那些切实关系到村（社）居民自身利益、涉及本地公益事业的具体议题更能激发居民的参与热情。当然，这些议题也需要与居民政治参与的能力相匹配，以确保协商能在居民的积极参与下顺利进行。协商议题要在征集广大基层干部与居民共同的意见，并最终达成一致之后，通过公开栏、广播、会议等形式公布出来。例如，笔者参与调研的秦淮区，协商议题的确定由街道或社区根据工作需要，并在一定范围内征询群众意见后提出。确定民主协商议事会的议题后，社区在会议召开前的 5～7 天，将议题内容、相关要求通知民主协商员，做好参会准备，同时也公开征询社区居民的意见。

2. 完善协商参与者的选拔过程

协商参与者的代表性问题，直接决定了协商结果能否真实反映该地区的真实需求。因此，要结合本地区的实际情况，确定参与协商会议的人数，完善参与协商人员的选拔机制与规范机制，确保参与者具有相当的代表性。另外，协商参与者不仅要享受政治参与的权利，还要承担相应的责任。例如，佛山市顺德区的“决咨委”出台的《顺德区公共咨询委员会章程》对委员的构成设计了四类来源，除行政机关外，还囊括行业协会、镇街居民以及社会组织的代表，兼顾政府、企业、社会组织三个社会部门，结合了专家、精英和公众。其中，行业协会类、镇街居民类和社会组织类委员按规定需要选举产生，以保证委员对选派者负责，以此来保证“决咨委”委员的构成更具有专业性和多层次性。

3. 科学设计协商过程

首先，协商议题和协商规则需要提前告知公众。这样既方便参与者做好充分准备，又给居民向协商代表反映情况预留了时间，从而提高了协商效率。其次，在协商过程中，基层干部要把握好协商节奏。对于协商过程中的辩论气氛、发言顺序、发言时间有着较好的掌控，积极引导参与者在协商中深化对议题的认识，理性地表达自己的观点。特别是不要让“意见领袖”掌控协商过程，避免协商结果过于偏向某特定群体。如果协商中出现了意见针锋相对的状况，组织者要及时地干预，最好通过搁置争议、求同存异的方式缓和紧张气氛。再次，调和分歧达成共识。例如，在安徽省阜阳市的南塘村，当地协商民主组织者在村民议事时引进了西方的开会规则——《罗伯特议事规则》：其一，为保证协商秩序，防止出现“吵架”的现象。规则规定主持人中立，辩论双方向主持人陈述，而不是直接辩论。还有，一定要举手起立发言，并且限制发言次数，发言的时候不能拖堂延时，在别人发言时不允许插嘴，更不能对别人进行人格上的道德评判。其二，为了尽量避免出现“随大流”的现象，用轮流发言平衡发言权，防止出现“意见领袖”。其三，为了提高协商效率，规则要求辩论的人，首先表明立场，再说理由。这就避免出现有的人说话总是爱绕弯子，说了一大通最后再表明立场，以至于协商效率很低①。

4. 扎实履行协商决策

协商民主是一套系统的过程。通常，协商并不是民主的目的而是手段，从协商动议到协商结果的产生再到协商成果落实，方才是一个完整的协商过程，而这其中协商成果的真正落地，才能使决策最大限度地满足群众的政治诉求。协商决策监督机制的完善有利于防范基层公共权力的滥用，确保协商结果真正有效地落实，更是协商公平公正有序进行的重要保障。如果对协商结果的落实没有相应的监督，那么，协商民主在现实运作

---

① 参见翟明磊：《英国规则遭遇中国农民：农村如何开会?》，《南方周末》2009 年 4 月 1 日，第 A04 版。

中就很容易受到基层干部与精英人士的把控，可能会损害居民的利益，挫伤居民参与政治的积极性。

（二）将基层协商民主制度纳入法制化的轨道，以充分保证民众的合法权益

邓小平指出：“为了保障人民民主，必须加强法制。必须使民主制度化、法律化，使这种制度和法律不因领导人的改变而改变，不因领导人的看法和注意力的改变而改变。”① 邓小平这段话准确地把握了民主建设和法制之间的关系。民主作为一项国家制度，需要有一系列相应的法律制度去保障，没有法律制度的支撑，人民的民主权利就得不到保证。在推进国家治理体系和治理能力现代化的过程中，应该强调依法治理与政治伦理建设并重，而政治伦理建设强调制度的正义和治理手段的正义性，这些都要通过加强法治化建设来实现。

第一，以法律的形式设立常设的基层协商民主议事机构。常设的议事机构能够确保协商民主的权威性、可靠性和相对稳定性。很多情况下，矛盾冲突的形成和升级正是由于弱势群体的正当利益没有合法的途径去表达，或者这种途径没能发挥应有的作用。近些年出现的一些群众性抗争活动，正是由于正常的利益表达渠道失灵，非正常的宣泄方式反而显得更能引起轰动效应。因而有必要建立健全以基层政府、党支部为首的组织、领导、统筹协商民主的机构，把基层协商民主决策建立在充分吸收群众意图的基础上，自上而下广泛吸取基层群众的智慧，实现组织领导与群众意愿的有效整合。例如，在浙江省温岭市各个乡镇，成立了以党委书记为组长的民主恳谈领导小组。该领导小组的主要任务是确定民主恳谈会的议题、召开时间、会议联系人、参加者，并通过多种途径告知各方，待民主恳谈会结束之后，将会议的有关情况以及后续的决策实施反馈给有关方面。

第二，应明确基层协商民主领导机构的权限范围。首先，协商机构的权力来源于全体居民，全体居民对于协商机构及其协商民主事务具有决策权与监督权。其次，明确基层协商民主领导机构的职责。基层协商机构功能的发挥权限与范围具有广泛性，一般说来，在基层公共事务中，诸如村

① 《邓小平文集》（第2卷），人民出版社1994年版，第146页。

民管理、乡镇经济、村社规划、道路修建、旧房改造、乡村环境、医疗卫生等问题，都是关乎居民切实利益的大事。因此，应当扩大基层协商民主的权限范围，让广大基层群众都有机会参与议题协商、发表协商建议、提出建议措施，为基层群众的利益表达和公共事务参与权利提供制度性渠道。

第三，应当对基层政府组织与居民（村民）委员会、社区组织、群众自治组织以及更广泛的社会组织之间的关系予以确认，同时对基层居民民主管理与民主监督方面的运行制度予以完善。在民主选举方面，完善选举程序，将协商员产生办法与现有基层选举制度相衔接，实现与制度内的体系相融合。在民主决策方面，对于凡是涉及基层居民切身利益的实际问题，诸如农村土地流转、城镇化建设中的征迁安置、城市社区公共设施规划等，要按照制度规定召开居民听证会和议事会，真正做到尊重民意。在民主管理方面，对于诸如村社事务公开、基层民主评议、村社财务收支、重大决策的制定执行和反馈以及其他承诺事项的兑现情况，居民都应有了解、评议、监督的权利和渠道保障。在民主监督方面，应建有一个制度化、专门化的村社监督机构，对村社公共事务进行实时监督。

二、培育基层协商民主制度的价值认同

就治理而言，价值认同建构是一项工程，其力量远比纯粹的物质馈赠或补偿有效。在制度建构中，先进的器物或经济发展并不见得能确保民众与政府保持一致的认同，单纯求富的物质欲望只会离散社会成员的共同体意识，且可持续的经济增长不能一直维持，尤其是快速增长。正如迈克尔·罗斯金所指出的："不要认为经济增长可以解决政治问题；它常常使政治问题变得更糟。"[①] 在转型期的中国，这一点更显突出，改革开放使市场经济迅猛发展，促使我国的经济结构发生重大调整，社会阶层发生了分化和"利益重构"。公民独立意识的出现，为参与社会治理提供了动力支持。"经济发展造就了新的财富和权力来源，这些来源独立于国家之外，

① ［美］迈克尔·罗斯金著，夏维勇等译：《国家的常识：政治·地理·文化》（第10版），世界地图出版社2013年版，第515页。

而且会有新的功能性要求去分散决策权。”①

基层协商民主是中国特色协商民主最为生动的实践形式。如果在基层内部，民众积极广泛的政治参与能够获得政府及时有效的回应，民众与政府间便会形成互惠信任的关系，进而达成民主自治的共识。此种信任关系会强化相互间的合作，使基层协商民主制度成为固定的习俗与惯例，推动民众与政府通过彼此的协商与妥协，对民主这样一种生活方式产生动态的路径依赖。针对前文提到的基层协商民主价值认同存在的障碍，破解此困境可从强化基层政权认同、塑造合格协商主体、鼓励社会组织发育等方面去考虑，以期获得基层民众对于协商民主的信赖并产生政治情感上的归属感。

（一）塑造民主政府形象，强化民众对基层政权的认同

一些西方的理想协商民主理论家对于公权力有种天然的抵触情绪，他们认为政府的公权力影响协商共识的形成。但是，他们忽视了现实情况，即现今社会离开了公权力去谈社会治理，根本就是无源之水、无本之木。除了政府是最为重要的权力主体外，更为关键的是只有公权力才能维持社会的稳定秩序，否则一旦社会失序，一切人类本性中的恶便会充斥社会运行的各个方面，协商也就无从谈起。

放到中国国情中，现今执政党组成的政府往往承担着社会合作者的角色，尽管社会力量形成的协商共识具有一定的约束力，但是这种约束力并没有强制力，只是人们（多数人）的意见而已，而把这些意见转化为公共权力必须得到政府的认可，也就是政治权力的让渡。而政府能够还权于民，是民主政府的基本要求，也是推进民主协商的基本条件。基层协商民主建设的根本目的在于还权与民，满足居民对乡镇（社区）重要事项特别是与其利益相关事项的知情权、参与权、监督权。随着广大居民经济地位的提高和信息获取渠道的多样化而带来的自主意识和政治参与意识的增强，必然要求基层政府在基层治理中转变相应的工作方式，改变传统“家长制”的领导作风，塑造民主政府的形象，在协商过程中深入了解居民的

① ［美］塞缪尔·亨廷顿著，刘军宁译：《第三波——二十世纪末的民主化浪潮》，上海三联书店1998年版，第75页。

意愿和需求，并将其反映到政策的具体制定和实施过程中，使居民加深对基层政权的信任感与认同感。

民主政府从本质上讲是指政府权力的合法性来自人们的认同。本书所讲的民主政府是从运行机制而言的，也就是对于公共决策，政府应尽可能创造条件为公民参与提供更多空间，保证民意在政府决策中得到充分的尊重和体现。首先，加快开放型政府的建设，只有政府信息公开、透明，民众的参与才能符合公共利益；其次，加快建立和完善政府决策征集民意的法律机制，这样才能使民意征询常态化、固定化；再次，民众要有监督决策执行过程的渠道，有监督，政府的决策执行才能不走样、不变质，对决策的修正和评估也才能具有针对性。

“打铁还需自身硬”，除了民主政府形象的塑造外，基层行政人员更要加强自身执政能力的建设，如此才能更好地肩负起组织好、运行好基层协商民主的责任。首先，近年来，国家通过培养“大学生村官”、改革选调生的招考形式等，已经优化了基层政权组织中人员的素质结构；还可以组织相关专家学者，对中青年干部加强相关的业务培训和理论教育，使其熟悉协商过程和方法，增强其开展协商民主各项程序的掌控能力，以更好地引导居民根据本地实际情况，结合自身的利益诉求，参与到基层协商民主进程中。其次，要加强基层行政人员的行政伦理道德教育。近年来，基层公平正义的伦理遭到破坏的一个重要表现是由权力异化所引发的腐败问题。权力异化意味着僭越、权力寻租、索贿等，体制的弊端表现在机制不透明、法规不完善、监督难成行，“官本文化”造成一些“人民公仆”成为与民争利的食利者。如果基层行政人员在执行公权力的过程中采取弄虚作假的手段或出于纯私人目的，无形中是在向公众传递这样一种信息：传统的社会道德标准已经被改变。其不良后果是社会道德约束形同虚设，民众对公共生活失去信心和热情，转而只关注如何实现和保护个人利益，造成整个社会的道德滑坡。再次，建立科学严格的干部考核制度和问责机制，尤其是上下联动的定期考核机制，借以督促基层干部强化其责任意识与服务意识，促成向服务型基层政府的转变，从而多听从居民的意愿与需求，确保基层协商民主建设的稳定持续进行。

（二）提高民众的公民素质，培养合格协商主体

价值认同作为一种心理辨识行为，主体的能力与素养对其过程与结果都有着内在的决定性影响，因此作为协商主体的民众的素质对基层协商民主制度价值认同的培育也起着关键作用。遗憾的是，目前支撑协商民主的我国社会整体公民文化水平和基层民众的公民素养都还有待提高。提高民众的公民素质，培养合格的协商主体，是目前亟待解决的问题，也是一项保证基层协商民主制度顺利运行的、具有战略性的长期工作。

1. 要培养民众的协商主体意识

所谓主体意识，就是“主体对自己的定位和对自我的认识，表现为主体对自身及其社会角色的认知，重点是主体对自己在不同方面权利与责任的体认”，包括主体的自我意识、社会意识、法律规范意识和实践意识等。主体意识决定着其价值观念的总体面貌和构成，也决定着其公民素质。具体到基层协商民主实践，民众作为协商主体，要使之充分认识到自己参与民主协商的权利和义务，并能够按照规范践行。培养民众的协商主体意识，需要民主与法治的制度性条件，这虽然可以通过文化思想层面的交流、灌输和教化来实现，但关键在于个人的自觉与警醒。

2. 要培养民众互相理解、互相尊重的公民性格

个体的利益以及看待问题的观点存在差异是正常的、不可避免的，协商民主的功能就是要“求同存异”，这就需要参与者具备妥协精神，能够理解、尊重和倾听他人的意见和建议，做出一定的让步，同时能够在平等的相互讨论中实现取长补短。

3. 要培养民众的集体责任感

基层协商民主所讨论的多是关于集体的公共事务，所寻求的也是集体利益的公约化，这就要严格限制个人的过度“自利性”行为。同时，参与协商民主实践需要付出一定的时间、精力和经济成本，难免有些人会存在“搭便车”心理。解决这些问题的重要途径之一就是培养民众的集体责任感，使民众自觉地将个人福祉与集体利益有机地结合起来，在积极参与协商民主的过程中实现个人与集体利益的双赢。

4. 要培养民众的社会信任感

协商民主有效实施的前提是参与者彼此之间的信任，缺乏这种必要的信任，所谓的协商最终只能发展为无谓的争吵和情绪宣泄，不可能达成共识，也达不到理想的协商结果。此外，协商民主的客体是公共事务，对其

能够通过各方的努力实现圆满的解决，民众也要有足够的信任，这是进行协商的根本动力。如果不相信协商能够解决问题，谁还会积极参与其中呢？这实际上对协商结果的落实提出了很高的要求，只有看到之前的协商民主真的起到作用了，大家才会认可和信任这种民主的形式并积极参与，从而形成良性循环，塑造出良好的社会氛围，推动协商民主健康持续的发展。

（三）拓展适宜协商民主发展的社会公共领域，积累协商民主制度认同的社会资本

一项制度要想真正深入人心，获得最广泛民众的衷心认同与支持，其必须是与大多数民众的切实利益息息相关，而且这项制度对人们的生活影响越广泛就越能引起关注，越能培育广泛的制度认同。可以设想，如果协商民主只是局限于个别事项上，成为少数人的游戏，或者在大多数民众眼里成了“曲高和寡”的事情，即便是“阳春白雪”，但是不接地气，也难以激发民众的热情，得不到民众的应和，也就很难获得民众的真正认同，更难以维系。因此，必须要将协商民主这种社会治理的方式逐步扩大到更广泛的社会公共领域，使之成为民众日常生活中的常态化现象、习惯性行为，从而积累起雄厚的社会资本，这样才能从根本上解决协商民主制度的价值认同问题。

1. 拓展社会公共领域，为协商民主提供更多的实践平台

哈贝马斯将公共领域描述为“一个关于内容、观点、也就是意见的交往网络”[①]，而在中国语境中从政治学层面谈论公共领域，实际上就是指那些与市民社会相对应、与大多数人相关联的社会生活内容，是“公民公共参与的实践空间，是政治共同体中的公民言说和讨论公共事务、形成公共舆论、进行政治参与和创造、服务于公共利益的虚体场域或实体组织”[②]。公共领域最重要的两个生成法则——理性的商讨和积极的参与恰恰与协商民主的气质天然契合。因此，拓展社会公共领域，可以为协商民主提供更

---

① ［德］哈贝马斯著，童世骏译：《在事实与规范之间——关于法律和民主法治国的商谈理论》，生活·读书·新知三联书店2003年版，第446页。

② 吴光芸：《社会资本：连接公民社会与协商民主的桥梁》，《理论探讨》2009年第3期，第149页。

多的实践平台，让更多的人有更多的机会参与到协商民主中来，使民众在经常性的、身体力行的实践中塑造对协商民主制度的认同。公共领域可能会自发地形成，但也需要社会各方力量的共同维护和锻造。既要求民众的理性自觉，又要求政府的政治开明、充分放权，还有赖于社会自治能力的不断提高；既可以利用传统的集会方式和公共服务机构、协会团体以及大众媒介为平台与载体，又要充分重视现代科技所创造的网络交流工具和虚拟空间场域的独特作用。

2. 积累社会资本，夯实协商民主制度认同的社会基础

社会资本是很多学科都涉及的一个较为宽泛的概念，罗伯特·D. 帕特南将之运用于政治学领域，界定其为“社会组织的特征，例如信任、规范以及网络，它们能够通过促进合作行为来提高社会的效率”[①]。据此可以认为，政治学意义上的社会资本指的就是“个体或团体之间的关联——社会网络、互惠性规范和由此产生的信任，是人们在社会结构中所处的位置给他们带来的资源”[②]。社会资本主要表现为信任、互惠、合作等态度和价值观，而协商民主则强调平等、公正、参与、宽容等精神，两者可谓是高度契合。“社会资本作为一种为促进共同利益而采取的集体行动的正式和非正式的规范和网络，能够很好沟通、平衡和发展协商民主参与者之间的关系，促进公民与公民、公民与团体、公民与政府之间的信任，为协商民主提供心理基础、运行机制以及参与渠道。”[③] 毫无疑问，社会资本的厚实与充裕可为协商民主制度的价值认同奠定坚实的基础。

社会资本的充实与积累，有赖于公共领域的构建、民众公共精神的张扬和参与型政治文化的塑造等，这在前文中已有论及，这里笔者想突出强调的是发展民间非营利组织在其中的重要作用。当今处于转型时期的中国社会，单位制逐渐走向消解，在此背景下出现了社会原子化的趋势。社会

① ［美］罗伯特·D. 帕特南著，王列、赖海榕译：《使民主运转起来》，江西人民出版社2001 年版，第 195 页。

② 这是世界银行社会资本协会（*The World Bank's Social Capital Institute*）对社会资本的界定，转引自刘春年：《突发灾害情况下虚拟社区信息沟通与交流研究》，《情报理论与实践》2012 年第6 期，第 75 页。

③ 吴光芸：《社会资本与协商民主：渊源、互动与发展》，《中共福建省委党校学报》2007年第 9 期，第 35 页。

原子化不是指一般性的社会关系的疏离，而是指由于人类社会最重要的社会联结机制中间组织的解体或缺失而产生的个体孤独、无序互动状态和道德解组、人际疏离、社会失范的社会总体性危机①。这种现象必然导致社会资本的流失，进而蚕食基层协商民主制度认同的社会基础。解决这个问题的关键是社会联结机制的重构，而民间非营利组织能够很好地起到桥梁和纽带的作用，其作为国家和社会的中介，能够超越于“国家威慑力量”和“个人利己主义”，有效地促进公民对公共领域和私人领域双重生活的认知和体验，在共同体空间内培育公民的信任与合作意识以及公民精神，实现对社会的整合②。

但是，长期以来，在强国家弱社会的关系结构以及强政府行政体制的作用之下，我国的民间非营利组织发育不良，往往不得不依附政府，处于“半官半民”的尴尬境地，严重制约了其社会功能的发挥，迫切需要从外部环境与内部治理两个方面采取措施促进其健康发展。这就要求国家和政府调整相关政策，进一步释放社会自治的空间，改革管理办法，提升民间非营利组织的自立、管理和运作能力。特别是应当在法律层面保障民间非营利组织的地位，使之能够得到包括政府和执政党在内的社会力量的充分尊重，从而增强民间非营利组织对民众的吸引力。民间非营利组织的健康发展，不仅可以为基层协商民主提供更加便利的、多元化的媒介以及更加厚实的社会资本，而且可以大大拓宽基层协商民主得以实施的领域并增强其有效性，从而使这项制度能够深入人心，获得广泛的社会认同。

三、促进基层协商民主制度正义与价值认同的二元互动

在我国，自20世纪末开始，群体性冲突事件似乎也进入了一个高发期，尽管冲突的性质与原因不具有政体指向，但事件带来的政治经济效应不可小觑。1996年以来，由环境问题引起的群体性事件接连发生。其中，松花江污染事故、大连海岸油污染事故、厦门PX项目引起了国内外媒体

---

① 田毅鹏、吕方：《社会原子化：理论谱系及其问题表达》，《天津社会科学》2010年第5期，第68—73页。

② 郭海霞：《当代中国的社会资本重建与协商民主的实质化践行》，《浙江社会科学》2016年第3期，第53页。

的关注，并引发了当地群众的规模性参与，进而导致了群体冲突事件的持续增多。有数据表明，2000 年以前，由环保问题引起的事件以年均 29% 的速度增长，2011 年以来呈三位数趋势增加，2012—2014 年这种趋势有增无减，其中尤以宁波镇海 PX 项目、广东茂名芳烃项目等引起的群体性冲突最为抢镜，成为国内外广泛关注且影响比较大的事件。就冲突生成的理性因素而言，如果说生命安全、利益失却、经济受损是导致群体冲突的重要诱因，那么，在物质、福利和安全基本得到保证的情况下，规模性冲突事件为什么还会接连发生？从寻求科学治理的途径看，如果说群体冲突是社会治理中的一种常态，那么，社会治理者如何化解冲突，并引导民众理性对待利益、自尊、身份的缺失？如果现有法律赋予民众以合法的社会诉求的权利，社会治理部门又如何引导民众进行合理的宣泄，进而在机制上进行创新？执政党如何在法律与制度约束下实现社会治理的创新和发展？国家如何从顶层设计出发，在理念、制度以及结构层面进行法治建设或制度创新？基层协商民主制度与现有的社会诉求渠道能否以及如何在法律与政策约束下达到有效的融合或衔接？上文所提及的问题林林总总，涉及不少学科、领域、体系或范式，而事无巨细地就它们展开纵论，显然为本书的篇幅所难允。因此，笔者仅从三个方面就以上问题谈谈如何促进制度正义和价值认同的双向互动，借以对基层协商民主制度认同提供一些启发。

（一）以正义理念引导基层协商形式创新，拓展认同实践渠道

有序的政治参与不仅是制度设计问题，还是一个政治意识问题。法国思想家帕斯卡尔指出，世界上一切良好的格言都有了，关键是如何去实践。某种程度上可以说，为协商民主制定一套科学完善的程序体系并不是一个难题，问题在于，如何让已经在无序政治参与的政治文化中浸淫多年的民众认可、尊重、维护这个程序体系，这就仍然回到了现代公民意识的培育问题上。马克思主义认识论认为，实践决定认识，认识对实践具有指导作用。因此，公民文化的养成和公民意识的培养最终需要通过实践去获得。

伴随社会转型的加快和科技的日益革新，社会组成结构以及社会成员间的交往方式迎来巨大变革。因此，制度的运行机制如若不能相应地创新，其现实效应便会日趋递减，进而威胁制度的权威性，为此制度必须在

实践中不断创新。正是在这个意义上，基层协商民主制度创新的首要任务就在于，通过不断加强有效的制度供给，促成民众与协商民主制度实践上的良性互动，获得民众的价值认同。培育基层居民的协商民主意识，根本而言，就是要提升居民对所在社区（乡镇）的关注、关心、认同、归属和依赖等价值观念，培育共同体的凝聚力和向心力。在具体措施上，基层政权应高度重视居民的实际利益诉求，对涉及居民切身利益的实际问题，通过听证会、恳谈会、评议会等协商民主形式为居民提供诉求渠道；开展多样化的社区文体、志愿、节庆活动，增强居民交流和互动；通过大量的非制度性参与渠道，充分发挥民间组织的作用，例如可以举办相应的帮扶互助慈善活动，来贴近居民实际需求，提高居民对共同体的认同感。

此外，社会治理人员在“互联网+”时代也要树立互联网思维，网络化的世界不仅给人们的政治、经济、文化以及个人生活带来了便利，同时也使得信息透明度与网络民主化之间产生两难困境。一方面，人们有权在网络上收集知识、发掘知识、传播知识；另一方面，这种信息公开化也给组织体运转的流程及个人生活世界带来了挑战。这几年，一些群众突发事件经过网络发酵以后形成的舆论压力，反而使事件的处理被引向非理性化，多次出现的“剧情反转”，除了当地政府一些信息公布不及时外，缺乏相应的公共危机处理意识，尤其是新媒体意识的匮乏是其主要原因。媒体政治或多或少地成为政治体制改革、经济发展的必要组成部分。

多元化的媒体给了大众一个揭露丑恶现象的机会，无疑，利用媒体进行思想传播、反腐倡廉或表达民意应该受到鼓励。但是，在网络举报进入高密度爆发期，社会治理者如何及时回应、查处并针对复杂的情势建立科学的管控机制，建立利益冲突协商机制和民意表达机制，使得网络民意反馈模式成为畅通渠道，进而推动舆情理性扩散并使得线下和线上管理结合，达到激发社会活力、集中社会民智、促进社会和谐的目的，将是今后一段时间网络舆情处理的重要内容。例如，广东顺德区政府就在电子政务公共平台（OA）上开辟“委员在线”栏目，方便委员随时查阅和提建议，同时也积极利用现在民众喜闻乐见的微信公众号、微博等社交媒体为载体，拓宽居民政治参与渠道，方便“决咨委”委员与群众交流沟通、征集意见，实现居民与基层政府间“全天候”的交流，打破传统协商形式所受的时空和地域的限制，方便居民对协商成果及其政策落实程度的及时监督和反馈。

（二）以制度的正义性贯穿基层利益分配的全过程，实现利益认同

早在春秋时期，改革家管仲就有着“仓廪实则知礼节，衣食足则知荣辱”的论断，美国学者林茨也说到，“如果民主政体从来没有出台政策以生产政府应当负担的公共物品，如教育、健康和交通，以及为公民提供安全网免受市场波动的损害，并采取措施缓解全社会的不平等，民主将无法持续下去”①。改革开放的初期，政府的措施营造了相对公平的竞争环境，只要努力，绝大多数民众就可受益。然而，目前的一个现状为部分地区一些普通百姓的权益不断受到侵占和蚕食，进而加剧了他们的生存危机感。如何破解新时期出现的利益分配难题，从改革的容易度、社会的可承受度以及政策的允许度来看，基层协商民主不失为一个具有重大战略意义的突破口。

首先，基层协商民主应是顺畅的利益表达渠道。只有群众的利益表达渠道顺畅了，非正常的办法便会减少；只有渠道顺畅了，决策者才有可能了解真正的民意；也只有群众的利益表达顺畅了，集中的民意才能形成强大的舆论压力，迫使决策者不断审视、改进和完善现有的工作。

其次，基层协商民主应以利益公平为追求。协商之所以能够成为可接受的民主政治形式，在于它能够最大限度地包容和吸纳各种利益诉求，能够按照公认的程序和规则，使各参与主体平等地、真诚地、充分地开展讨论，协调各方利益，形成公共利益。公共利益究竟是私人利益的简单整合，还是对普遍利益的理性升华？协商民主以追求实现公共利益为归宿，而公共利益的具体内容恰恰是在民意充分表达和协商的过程中逐渐明晰的。

再次，基层协商民主应以形成合力的利益协商规则为核心。协商民主对于利益认同的价值就在于，协商达成的决策反映出的利益取向不是某一特殊群体的诉求，而是在经过多个利益群体各自退让和妥协的前提下最终

① ［美］胡安·J. 林茨、阿尔弗莱德·斯泰潘著，孙龙等译：《民主转型与巩固的问题：南欧、南美和后共产主义欧洲》，浙江人民出版社 2008 年版，第 13 页。

形成的共同决策。经过协商民主产生的这些制度机制，较好地体现了普遍的公平正义。从现实国情看，就业政策、分配制度、教育和社会医疗保障体系等诸多社会公平的突破口，亟待引入协商程序，从而使社会朝着整体公平的方向发展。

（三）以正义的公共决策实现基层社会价值整合，筑牢认同基础

社会整合是社会一体化，它包括将社会不同的要素和部分融合成一个有机整体的过程。社会整合的方式可分为权力的强整合、利益和意识形态的软整合两种形式。新中国成立初期及之后一段时间内，政治权力通过农村的公社化运动以及城市的单位制实现了社会形态上的整合，并通过宣扬国家和集体利益，批判和压制个人利益，实现了意识形态上的整合，这些整合措施使中国达到了一个空前的社会一体化水平。但是，我们也要清醒地看到，这种高度的社会整合模式是以封闭和僵化的社会结构为前提的，其结果是抑制了社会发展的生机和活力。

自 20 世纪 70 年代末至 80 年代初期以来，社会的急剧变革带来了社会资源和流动空间的极大自由发展，市场经济的浪潮使得社会结构发生了高速度、大规模的分化。社会的高度流动性打破了原先封闭的社会结构，提高了社会的开放性。但是，随之而来的不同社会阶层之间的紧张关系、阶层责任意识的缺失引起的“社会失范”等现象，都成为影响社会稳定的威胁因素。因此，当今中国急需一种将社会主义核心价值观落地的实践途径，以实现社会的价值整合。

以制度正义为指导、倡导和谐共存的基层协商民主制度，在社会整合方面有着先天优势。我国的基层协商民主主要在两个方面有利于社会整合。一方面，以公共利益作为“最大公约数”，协调个体利益。基层协商民主以实现公共利益最大化为依归，较好地把不同群体的利益，通过理性协商的形式加以整合。在公共讨论中，每个人首先是基于个人利益或代表特定团体利益进行协商讨论的，但他们所提出的每一个观点及其理由要想获得他人的支持，就必须经过公共利益的考量，这样才有可能获得具有不同背景但具有公共理性的人群的理解。因此，通过协商民主可以消解个人利益诉求的狭隘性，引导各个利益主体多角度地审视公共利益，并最终形成观点、行为的整合。正如吉登斯所言，协商民主从一开始“就制造了社

会交流的形式，这可能对重建社会团结是一个实质性（甚至决定性的）贡献”[①]。通过基层协商民主，人们对协商经验的共同分享，有助于促进公民之间更深的相互理解，激发他们彼此更多的共鸣，这种经验共享机制也将促进社会共同体的形成。

另一方面，寻求富有社会公正性的公共决策，充分尊重弱势群体的利益。公共决策的最大公正性在于让全体人民共享改革和发展的成果。因此，我们要在充分协商的基础上，广泛听取民意，深度整合不同的利益诉求。需要注意的是，通过讨论和沟通的协商民主过程不仅要以公共利益和公共道德为重，而且要照顾到少数群体的利益和要求。在协商过程中，特别要防止个别利益集体尤其是精英群体掌控协商走向，要充分尊重广大人民群众的知情权、参与权和表达权，尤其是要照顾弱势群体的利益。具体说来，我们的公正政策要保护合法收入、规范灰色收入、取缔非法收入、坚决打击和杜绝腐败；加强对贫困群体的政策倾斜力度，努力提升低收入者的收入水平，扩大中等收入群体规模，调节过高收入。只有这样，我们的社会才能成为各展其能、充满活力的社会，才能成为公平正义、和谐相处的社会。

① 转引自韩福国：《商议性民主的中国空间——对中国基层民主实践研究的批判和中华全国工商联（ACFIC）个案的分析》，参见陈剩勇、何包刚主编：《协商民主的发展》，中国社会科学出版社 2006 年版，第 126 页。

第五章 基层政协在我国协商民主发展中的地位和作用

基层政协在我国的民主政治生活中具有协商问题与汇聚观点的重要职能，是协商民主的关键渠道和专门协商机构。基层政协在协商民主广泛多层制度化发展上的理念树立、制度规范、方式创新，是新形势下实现协商民主发展的基础和保障。基层政协在协商民主的发展中，最重要的目标是在全社会形成协商的环境和习惯，推动协商民主的科学发展，实现民主制度的完善与创新，从而实现人民群众的根本利益。所以，在这个意义上，基层政协是我国协商民主发展战略中的稳定器、连接管和增氧泵。本章拟结合南京市秦淮区政协的工作实例，来探讨基层政协在协商民主发展中的地位和作用。

第一节 政协的基本政治功能

一、政协的政治地位

人民政协是我国政治体制的重要组成部分，是有效实现社会主义民主政治的重要机构，体现了我国社会主义民主政治的特点和优势。“政协的政治事务问责，即政协对于国家政治生活中各种权力，尤其是人大、政府和执政党权力的来源、定位、职能与界限的追问。政治问责体现了政协作为与执政党、人大、政府并驾齐驱的国家非权力机构，对其余三者进行监督与问责的权力。”[①] 建设中国特色社会主义民主政治，坚持走中国特色社会主义政治发展道路，必须不断发展人民政协事业，不断强化人民政协的政治功能。

根据我国《宪法》的规定，“中国共产党领导是中国特色社会主义最本质的特征”，全国人民代表大会是最高国家权力机关，国务院是最高国家行政机关，而政协被界定为“是有广泛代表性的统一战线组织”。虽然政协并不行使任何国家权力，也不具有决定性的领导地位，“在中国政治协商制度下产生的决策结果不具有法律效力、不形成国家意志，但对执政党和国家的工作具有重要的建议、咨询和参考作用，在不同程度上对执政党和国家的决策产生影响”[②]。社会管理的基础在基层，重点也在基层。广大基层政协委员来自社会各领域，代表着基层不同的利益阶层，与基层群众有着紧密的联系。因此，保证政协特别是基层政协政治功能的发挥，是完善政协工作、开创基层政协工作新局面的重要保证。

二、政协政治功能的历史演进

（一）第一阶段（1949—1954），代行国家权力机构

政协创立初期，其政治功能定位明确：代行全国人民代表大会职责的国家权力机构。1949 年 9 月 21 日，中国人民政治协商会议第一届全体会议隆重召开，具有划时代的意义。在这次会议上，政协充分行使了立法权、选举权（选举中央人民政府委员会）、提出决议权以及审议权，经过协商讨论，通过了具有临时宪法性质的《中国人民政治协商会议共同纲领》，这使得政协成为中国共产党建政之初决定国家性质、国家政体、国家基本制度、国家民族政策和外交政策的机构。按照《中国人民政治协商会议共同纲领》的规定，政治协商会议全体会议实际代为行使国家最高权力机关——全国人民代表大会的职权。所以，此时的政协发挥着决定国家权力分配的主导作用，协商的主体是中国共产党领导下的各民主党派、各

① 黄璇、任剑涛：《事务问责与政协政治功能的重建》，《江苏社会科学》2010 年第 1 期，第 84 页。

② 浦兴祖主编：《中华人民共和国政治制度》，上海人民出版社 1999 年版，第 903 页。

人民团体、无党派人士、各少数民族和海外华侨及其他爱国民主分子，这表明了参与国家权力分配主体的多元化状态。总的来说，在最初的5年里，政协具体的政治功能主要体现在制宪建国、赋予新生政权合法性以及吸纳精英人才、政治动员和巩固新生政权等方面。

（二）第二阶段（1954—1978），从回归统一战线组织到被破坏和中断

1954年，第一届全国人民代表大会的召开，标志着人民代表大会制度的建立，也标志着人民政协代行国家权力机构的使命结束。此后，关于人民政协还有无存在必要的问题，引起社会的广泛关注。虽然在1954年颁布的《中华人民共和国宪法》里并未提及对政治协商会议功能和职权的界定，也没有“人民政协组织”这个概念，但是，在同年12月的全国政协二届一次会议上制定的《中国人民政治协商会议章程》中，确认了人民政协的统一战线组织性质：“中国人民政治协商会议全体会议代行全国人民代表大会职权的任务已经结束。但是中国人民政治协商会议，作为团结全国各民族、各民主阶级、各民主党派、各人民团体、国外华侨和其他爱国民主人士的人民民主统一战线组织，仍然需要存在。”这既是对1954年以后有关人民政协是否应存在的质疑的回答，也是对人民政协归位于人民民主统一战线组织的确认。从第二届全国政协开始，中国人民政治协商会议作为人民民主统一战线组织，以《中国人民政治协商会议章程》为行动准则，积极协助党和政府推动各方面力量贯彻落实国家在过渡时期的总路线和总任务，为国家的发展和进步做出重要贡献。然而从1957年开始，“左倾”思想使政协工作不断受到冲击，特别是“文革”10年，政协工作陷于停顿，统一战线遭到严重破坏，政协的政治功能也一度瘫痪。

（三）第三阶段（1978—2012），中国特色政治体制的重要组成部分和“三位一体”的政治功能定位

1978年在北京召开的全国政协五届一次会议，标志着中断10年之久的政治协商制度正式恢复，政协的功能也由此得到进一步明确和发展。1982年底，五届全国人大五次会议通过的《中华人民共和国宪法》，第一次以根本大法的形式肯定了爱国统一战线和人民政协的性质、地位和作用。1994年修改的《中国人民政治协商会议章程》也明确指出：人民政协

“是中国共产党领导的多党合作和政治协商的重要机构”。2006 年印发的《中共中央关于加强人民政协工作的意见》正式认定：“人民政协是我国政治体制的重要组成部分，在我国政治生活中具有不可替代的作用。”改革开放之后，政协的主要政治功能定位为政治协商、民主监督和参政议政。这三项主要职能是各党派团体、各族各界人士在中国政治体制中参与国事、发挥作用的重要内容和基本形式，体现了人民政协的性质和特点，是人民政协区别于其他政治组织的重要标志。

（四）第四阶段（2012—　），政治任务从“画出最大同心圆”到助力实现“中国梦”

2012 年，以习近平同志为核心的党中央提出了一系列治国理政的新理念、新思路、新战略，形成“四个全面”战略布局，推动政协工作迈上新台阶、呈现新气象。2013 年，全国政协十二届一次会议强调，要始终团结在以习近平同志为核心的中共中央周围，同心同德、开拓创新，不断推动政协事业发展，为全面建成小康社会的宏伟目标和中华民族伟大复兴的“中国梦”而不懈奋斗。这表明政协在新的历史起点上肩负起了新的责任和使命。在 2019 年庆祝政协成立 70 周年大会上的讲话中，习近平总书记指出，当今世界正在经历百年未有之大变局，实现中华民族伟大复兴正处在关键时期。在新时代，人民政协要时刻加强思想政治引领，广泛凝聚共识，坚持团结和民主两大主题，提高政治协商、民主监督、参政议政水平，担负起把党中央决策部署和对人民政协工作的要求落实下去、把海内外中华儿女智慧和力量凝聚起来的政治任务、政治责任。展望未来，人民政协必将与全国人民一起同心共筑中国梦，携手奋进新时代，为决胜全面建成小康社会、进而全面建设社会主义现代化强国谱写新篇章。

三、政协基本政治功能的作用方式

（一）政治协商

人民政协的政治协商不仅是一种政治行为，而且更多地体现了它在经济社会生活中的政治价值，或者说它的政治意义不亚于其对经济社会发展的建言性作用。我们要站在发展社会主义民主政治、建设社会主义政治文明的战略高度，着眼于人民政协事业的长远发展，加强自身建设，强化政治功能，科学运用人民政协这一政治组织和民主形式，深化政治体制改革，坚定不移地走中国特色社会主义政治发展道路。多年来，人民政协按照“长期共存、互相监督，肝胆相照、荣辱与共”的方针，积极促进中国共产党与各民主党派的团结合作，不断巩固和扩大共同的政治基础，为实现“共产党领导、多党派合作，共产党执政、多党派参政”的政治格局做出了历史性贡献，成为建设中国特色社会主义的重要政治力量。发挥团结功能、促进各党派合作，是我国多党合作制度的重要内容，也是人民政协作为中国共产党领导的多党合作和政治协商的重要机构存在和发展的必然要求。

要切实提升基层政协在协商议政实效中的作用。协商结果的效力是指协商结果对最终决策产生什么样的功效。要使协商结果获得参与协商的各方的广泛认可，就必须保证在协商过程中各方的平等参与。目前，基层政协的协商大多是以主席会议、常委会全体会议、专委会会议等形式与党政领导开展协商，实际上还可以进一步丰富协商形式，让更多的委员有更多的机会对重大问题提出建议。在协商中，党政领导要鼓励委员们围绕协商议题的内容展开论辩，通过论辩使不同意见和观点得到充分沟通与交流，最终形成各方都能够接受的意见。对关系国计民生的重大问题，应鼓励委员进行可行性和不可行性论辩，其目的是帮助党和政府决策更加科学、更加切实可行。协商的过程本质上是一个求同存异的过程。面对协商的议题，各界委员在认识、观点等方面的差异是客观存在的。对此，党政领导要对不同意见，包括反对意见持尊重和兼收博纳的态度，虚心倾听，深入研究，认真吸纳。这样才能使委员敢于充分发表自己的观点，也才能使协商真正富有成效。

（二）民主监督

人民政协是各党派、人民团体和各族各界人士参政议政、团结合作的场所。基层政协要按照《宪法》和《政协章程》履行职能，围绕大政方针和经济社会建设建言献策，对国家法律和法规的实施，重大方针政策的贯彻执行和国家机关及其工作人员实施民主监督。人民政协的民主监督也是一种政治监督，人民政协的参政议政就是各党派、团体和各族各界人士在民主制度的框架内进行有序的政治参与。在国家权力的分配关系中，政协与人大、政府和执政党之间的权力运行状态是相互制约、相互监督的对等关系。政协不应仅仅停留在对经济和社会问题表面事务的泛泛而谈上，而要在参政议政和民主监督中直指各类问题的权力本质，以避免出现滥用国家权力的现象。政协对人大、执政党、政府的制约和监督功能主要就体现在能够对它们的职权实施问责。政协问责的形式不是意味着要改变国家权力结构的现状，而是通过向国家权力机关施加压力，来推动它们达到良好的运行状态和实现更佳的运行效果，从而也维护了国家的统治秩序。

（三）统战工作

统一战线实质上就是团结朋友，孤立敌人。因此，统战工作就是政治工作。人民政协的性质、地位和作用决定了人民政协工作的实质就是增进大团结、实现大联合。与生俱来的党派合作性，是人民政协不同于其他政治组织的显著特点，也是我国社会主义政党关系的生动体现。发展社会主义民主政治，必须加强统一战线工作。人民政协的党派合作性，集中体现为党派性与合作性两者的有机统一，即具有广泛性、长期性和稳定性的特点，是根本利益、根本目标一致基础上的团结合作；是以宪法为根本依据，遵循政协章程确定的政治原则为共同基础的团结合作；是以接受中国共产党政治领导，以共产党为核心，各党派享有组织独立的团结合作；是作为我国一项基本政治制度的团结合作。多党派长期共存，并在共产党领导下团结合作，这种新型的社会主义政党关系正是人民政协存在和发展的主要依据。

党的十七届五中全会强调，要在构建社会主义和谐社会中充分发挥人民政协的独特优势和重要作用，并对人民政协的作用做出了“协调关系、汇集力量、建言献策、服务大局”的高度概括，突出了人民政协在构建社会主义和谐社会中的重要作用。因此，基层政协要认真研究地方经济、社会结构和统一战线内部出现的新情况、新变化，进一步加强同各方面人士的联系，团结一切可以团结的力量，最大限度地把各党派、团体和各族各界人士的积极性引导到促进地方更好更快地发展和实现全面建设小康社会的奋斗目标上来。

第二节　基层政协在协商民主发展中的政治优势与主要职责

人民政协是我国协商民主的重要渠道和载体，是中国共产党领导的多党合作和政治协商制度的重要机构和基本组织形式。“人民政协履行政治协商、民主监督、参政议政的过程，就是协商的过程，就是发扬民主的过程，就是实现协商民主的过程。”基层政协主要指市辖区政协、县政协和县级市政协，作为人民政协体系中最基层的组成部分，它们能够发挥自身重要的政治功能，积极进行协商议政，创新监督形式，提高为民服务水平。

一、基层政协的政治优势

我国现实的发展状况所提供的政治、经济和文化支撑，使我国基层社会已具备发展协商民主的条件。众多学者从政治和经济的角度进行分析，认为“中国已具备发展协商民主的现实可能性”[①]：第一，从政治角度来看，协商民主和票决民主的有机结合，“在制度上可以保证我国民主政治的健康发展”[②]。第二，从经济角度来看，“随着改革开放的不断深入和市场经济体制的逐步完善，外出务工人员不断增加，为基层社会培育了多元利益主体，民众民主意识开始觉醒，使协商民主运用到基层成为可能”[③]。协商民主越接近基层，情况就越具体，形式就越丰富。基层政协应充分利用自身优势，进行新探索，寻求新作为，在新的形势下更要进一步彰显基层政协组织和委员的独特优势。

（一）组织优势

对于实践层面的协商民主，学术界主要集中探讨其在基层社会运用的

① 朱勤军：《中国政治文明建设中的协商民主探析》，《政治研究》2004 年第 3 期，第58 页。

② 李贺林，左宪民：《中国特色协商民主研究》，中共中央党校出版社 2008 年版，第 23 页。

③ 周亚茹：《中国特色基层协商民主研究综述》，《湖北省社会主义学院学报》2016 年第 1 期，第 91 页。

具体形式及存在的问题。而在对于如何建构更加合理的基层协商民主发展框架方面，分析和研究的结果显示：基层政协组织应该发挥重要的渠道作用。因为，由政协组织牵头引导基层协商工作，是具备先天优势的。人民政协是中国共产党领导的多党合作和政治协商的重要机构。在政协内部，各党派可以发表意见，提出提案，开展参政议政活动；各党派间可以进行平等对话，实行民主协商、互相监督，这是人民政协不同于其他政治组织的显著特点，也是我国社会主义政党关系的生动体现。人民政协为各党派、团体合作共事提供了组织保证，有利于各民主党派的意见和主张在国家政治生活中得到充分表达；有利于实现扩大政治参与和保持政治稳定的有机统一；有利于监督与促进、批评与支持的有机统一；有利于改善中国共产党的领导，发挥我国社会主义政党制度的特点和优势，巩固中国特色社会主义的政治基础。

与我国社会主义政治制度的基本结构相适应，人大、政府、政协统一在中国共产党的领导下分工协作、各司其职、互为补充、相辅相成。人民政协是中国人民爱国统一战线组织，其政治地位和作用极其重要。人民政协是我国唯一由所有合法政党参加并以本党派名义在其中活动的政治组织，这就为实行共产党领导的多党合作和政治协商制度提供了组织保障。人民政协在组织上、工作上具有鲜明的党派合作性特征。人民政协履行职能的过程从某种意义上说就是发挥各民主党派、无党派人士在国家政治生活中重要作用的过程。所以，人民政协理所当然地成为实行共产党领导的多党合作和政治协商制度的最基本、最重要的形式。

政协作为协商民主的重要渠道，其统战性决定了参与主体的广泛性、平等性，而由界别组成则是政协的显著特色。不同界别联系和代表着特定群众，通过合理调整界别委员的构成，基层政协可以成为新型社会群体的代言人，并可以利用委员来源面广、社会接触面宽的特点，了解公众真实想法，围绕经济社会发展以及人民群众关注的热点难点问题，通过政协向党政及有关部门反映情况、提出建议。

（二）形式与制度优势

人民政协是具有鲜明中国特色的政治组织和民主形式，是有效实现社会主义民主政治的重要机构。人民政协进行政治协商、民主监督、参政议政，其实质就是人民内部各方面充分行使民主权利。这种民主，重点不是选举投票，而是以协商为特征，使各党派团体、各族各界人士的意见和主张在国家政治生活中得到充分表达。坚持和完善人民政协这种民主形式，既符合社会主义民主政治的本质要求，又体现了中华民族兼容并蓄的优秀文化传统，具有鲜明的中国特色；坚持走中国特色社会主义政治发展道路，就要坚持和发展人民政协这一民主形式。

中国共产党成立后创造性地确立了一整套适合中国国情的方针、政策和策略，使统一战线成为我们党在政治上的一个巨大优势，成为中国革命和建设事业不断取得新胜利的“三大法宝”之一。在不同的历史时期，中国共产党总是团结各革命阶级和政党及一切爱国力量，并与它们结成政治联盟。随着历史任务的不同，统一战线的范围、参加单位、奋斗目标以及具体形式也各有不同。到了新中国建立前夕，最终找到了人民政协这一组织形式，从而创造了各政党、民族、阶层、团体等政治力量建立在统一的政治基础、统一的利益要求、统一的奋斗目标之上的实现形式。无论是过去还是将来，人民政协都必须在更大范围和更高层次上促进中国各族人民大团结，始终囊括统一战线的所有方面，始终成为中国人民统一战线的最好组织形式。

同时，基层政协也善于做团结和协调工作。全体会议、常委会议、主席会议、调研视察等都是政协开展协商民主的重要形式，它们都具有准备充分、组织严密、程序规范的特点。因此，基层政协能够协助地方党委、政府多做理顺情绪、化解矛盾、促进团结、凝聚力量的工作，能够不断扩大政协委员与社会各界的团结面，最大限度地调动各方面积极性，从而把不同信仰、不同阶层、不同职业的人凝聚起来、团结起来，营造一个安定团结的政治局面。基层政协应经常主动加强与各界别群众的联系，了解他们的思想动态，反映他们的合理要求，帮助解决一些具体困难。只有不断加强与各人民团体和各界人士的沟通联系，多做联络协调、团结鼓劲、凝心聚力、促进发展的工作，才能保证基层政协能够充分发挥联系广泛的优势。

（三）平台优势

人民政协从诞生之日起，就以其广泛的代表性、巨大的包容性为特征，成为团结、动员全国各族各界人士和一切爱国力量，服务于社会主义革命、建设和改革、发展的重要组织。因此，各级政协组织可以围绕经济社会发展中的深层次问题开展调查研究，提出前瞻性、建设性的意见和建议；围绕社会多元需求，针对群众广泛关注和反映强烈的问题，开展座谈、协商活动，寻求解决办法，向党政提出建议；围绕巩固和发展安定团结的政治局面，宣传政策、加强引导，发挥化解矛盾、协调关系、增进共识、凝聚人心的作用。

首先，基层政协利用政协协商民主的特点和优势，在工作中坚持求同存异、体谅包容、民主协商、平等议事的工作原则，积极拓宽协商领域，着力营造知无不言、言无不尽、融洽和谐的环境，从而以充分的民主保证团结的坚实有力。其次，充分发挥政协的优良传统，坚持履职为民宗旨，使履职的触角延伸到基层和群众，开辟和疏通反映群众利益诉求的各种渠道，积极协助党委政府做好维护社会团结稳定的工作。基层政协的专门委员会则充分发挥其基础作用，更多地服从和服务于团结工作，使专委会成为政协团结工作的重要载体之一。再次，充分发挥政协委员的专业特长，把调研视察与服务群众、服务基层、服务社区等结合起来，如开展教育、扶贫、法律援助、巡回义诊、科技三下乡等，使政协委员成为基层政协团结工作的主体力量。在组织参政议政活动的过程中，基层政协通过主动配合党政部门做好工作决策和部署的宣传、解释工作，使各项方针、政策和具体工作在各界人士中达成共识。最后，加强委员与各界人士的联系，广泛听取和真实反映基层各界群众的意愿和诉求，及时了解和反映党和国家方针、政策在实施过程中群众的反映和意见，从而使党政决策和部署符合社情民意并得以顺利、有效的实施。

基层政协组织贴近群众百姓，处在基层的前沿，在了解民情方面有着得天独厚的优势。而观察和了解社情民意，要力争发现得早、掌握得全、把握得准，才能对涉及民生的焦点问题和影响社会安全稳定的问题，做到早发现苗头、早预测动态、早掌握真实情况。基层政协正是善用了自身优势，在面对问题时，才能既了解现实问题的状况和历史原因，又善于捕捉敏感问题、洞察潜在问题、关注重点问题，掌握基层情况，从而保证基层政协在参政议政上的话语权和参与社会管理的主动权。

（四）人才优势

在中国共产党的领导下，人大作为国家权力机关，政府作为国家行政机关，政协作为协商机关，在政治生活中各司其职、互为补充、相辅相成。在这个政治架构中，人民政协的优势和作用体现在：一是人才荟萃、智力密集，拥有多学科、高水平、经验丰富的各方面人才，能够深入研究一些宏观的、重大的、深层次的问题，提出高质量、有深度、建设性的意见和建议；二是代表性强、信息量大，能够反映各方面群众的意见、愿望和要求，是党政部门广集民智、广纳民意的重要渠道；三是界别组成是其显著特色，各界别代表人士在宪法、法律赋予的民主权利范围内进行政治活动，既维护了人民的根本利益，又照顾了各方面的具体利益，有效地扩大了公民有序政治参与的范围。人民政协在国家政治生活中要继续发挥不可替代的重要作用，必须继续发展并不断扩大以上三大优势，推动实现在我们这个幅员辽阔、人口众多的多民族、多党派的社会主义国家里，权力机关、行政机关通过在人民政协开展民主协商活动，广泛听取各民主党派、各人民团体以及各族各界代表人士的意见，由此集中体现最广泛的人民民主。

政协是“人才库”“智囊团”，政协内部各个界别的代表人物，也具有很强的影响力和号召力。基层政协要把人才、智力、资本优势，转化为促进发展的强大动力，通过调研、监督、提案等途径，积极发挥自身独特优势。基层政协通过多种形式参政议政，这既是一个凝聚智慧的过程，也是一个争取人心、求得共识、激发活力的过程。我们既要充分利用基层政协人才荟萃、智力密集的优势，积极发挥参谋智囊作用，为促进科学发展与社会和谐献计献策；又要充分利用基层政协联系面广、包容性强的优势，发挥团结聚合作用，促进大团结大联合。

利用基层政协组织和政协委员拥有的观察社会视角独特、结合实际紧密的特点，可以建立起与党政部门衔接且与群众互动的社会舆情汇集分析机制。同时，切实搞好调查研究、组织视察等经常性工作和活动，使基层政协提出的意见、建议更有针对性，便于操作，便于落实，便于见效。另外，进一步加大提案督办和民主监督的力度，切实抓好具体措施的落实。当前，面对改革的不断深化，基层的社会管理矛盾呈多发趋势，基层政协组织更要把工作着重放在基层各群体间利益关系的处理和协调上，及时化解基层管理矛盾，以维护社会和谐稳定。

二、基层政协的主要职责

（一）积极进行协商议政，创新协商新形式

政治协商主要“是对国家大政方针和地方的重要举措以及经济建设、政治建设、文化建设、社会建设、生态文明建设中的重要问题，在决策之前和决策实施之中进行协商”①，并就执行决策时遇到的困难进行讨论。基层政协政治协商的内容是以人民政协协商为基础，结合基层实际，对其进行补充和发展，形成具有地方特色的政治协商。例如，南京市秦淮区政协政治协商的主要内容是：不同党派、不同团体、不同民族阶层的代表有序参与政治生活，围绕全区改革发展、民意关切的问题，协商交流，建言献策。秦淮区政协不仅积极进行政治协商，而且努力探求协商民主新形式，积极构建多层次协商格局。

为推进基层协商民主工作，按照《关于开展协商民主在基层试点工作的实施意见》，秦淮区政协努力探寻基层协商民主运作的方式，进行协商民主在社区的试点工作。围绕建设“幸福新秦淮”，秦淮区政协以洪武路街道、瑞金路街道、红花街道为试点，按照社区居民议事会和评议会的方式，就涉及社区居民切身利益的重要问题进行协商。例如，老旧小区停车位不足、环境质量恶化、社区路面雨天积水、交通指示的位置设置不合理等问题，因为切实影响到社区居民的日常生活，所以这种社区基层协商不仅将社区公民纳入协商进程，而且可以提高社区居民的参与意识和责任意识，激励居民积极建言献策，提出切实可行的方案，从而有利于协商政策的达成和实施。

（二）扎实推进民主监督，增强监督新实效

进入新的历史时期，1979年6月，邓小平在全国政协五届二次会议上的开幕词中明确指出：“人民政协是发扬人民民主、联系各方面人民群众

① 《中国人民政治协商会议章程》第三条，2018年3月15日中国人民政治协商会议第十三届全国委员会第一次会议修订。

的一个重要组织。中国的社会主义现代化建设事业，继续需要政协就有关国家的大政方针、政治生活和四个现代化建设中的各项社会经济问题，进行协商、讨论，实行互相监督，发挥对宪法和法律实施的监督作用。”① 人民政协的民主监督主要通过批评建议的方式进行，不具有强制作用。因此，要更好地发挥民主监督功能，必须创新民主监督形式，建立民主监督机制。为此，南京市秦淮区政协积极探索民主监督新形式。

特邀监督是秦淮区政协进行社会监督的一种有效方式。所谓特邀监督，是向各职能部门、公检法部门推荐特邀监督员参加各类听证会，以改善机关作风建设，从而有效地发挥政协的民主监督作用。中华门、大光路和秦虹街道政协工委，邀请委员对其工作进行监督。作为政协组织代表的特邀委员提出监督意见，可以使得批评建议更具系统性，监督行为更加集中化，从而有利于工作的开展及问题的整改解决。

（三）践行群众路线教育和“不忘初心、牢记使命”主题教育，提升为民服务水平

按照中央和省、市、区委的统一部署，基层政协积极践行群众路线教育和“不忘初心、牢记使命”主题教育实践活动，增强为民服务能力。通过贯彻执行中央八项规定，改进工作作风，努力探索调研新形式，切实实现了履职为民、服务于民，提升了服务群众、服务基层的能力，使其与群众的联系更为紧密化和常态化。

要践行群众路线教育和“不忘初心、牢记使命”主题教育实践活动，政协必须改进工作作风，探索调研新方式。据此，秦淮区政协在建设朝天宫特色文化街区、构建旅游强区和进行新城交通规划方面，充分发挥智囊团的作用，积极建言献策，深入进行专题调研，并形成相关调研报告。这为区委、区政府科学决策提供了具有实践性和可行性的建议，同时也为政协为民服务水平的提高奠定了基础。

要提升为民服务水平，政协必须加强与群众的沟通和联系。为此，秦淮区政协实施服务对象全覆盖工程，即服务基层、服务离退休老干部、服务委员和委员企业。2014 年，秦淮区政协领导班子和机关干部，主动慰问

① 《邓小平文选》（第 2 卷），人民出版社 1994 年版，第 187 页。

了100多名离退休老干部；走访委员和部门街道约500人次；帮助委员及其他单位协调解决各类问题20余件。通过此项工程的实施，政协为民服务工作得到有效的贯彻和落实，政协组织联系群众、服务群众的工作水平得以提高，从而推动了政协事业的新发展。

第三节　基层政协在协商民主发展中的角色定位与重要作用

党的十八大提出"健全社会主义协商民主制度"，"要完善协商民主制度和工作机制，推进协商民主广泛、多层、制度化发展"，"坚持和完善中国共产党领导的多党合作和政治协商制度，充分发挥人民政协作为协商民主重要渠道作用"①。协商民主是我国社会主义民主形式的伟大创造，丰富和发展了马克思主义民主理论，有利于人民当家作主，有利于人民广泛参与政治生活，有利于吸纳、包容各种利益诉求，体现社会主义民主的真实性和广泛性。人民政协直接与广大人民群众相联系，是协商民主的重要渠道，对于探索我国协商民主的科学化发展起着重要作用。

作为我国政协组织中的基层单位，基层政协在地方政治、经济、社会和文化等诸多方面发挥着不可替代的作用，政协工作向基层延伸是新时期推进政协事业发展的创新之举。人民政协作为党和政府联系群众、团结各界的重要桥梁和纽带，推进政协工作向基层延伸，对于发挥协商民主的优势，不仅意义重大，而且十分必要。

一、基层政协在协商民主发展中的角色定位

（一）基层政协是稳定器，在协商民主中起着凝聚共识的关键作用

在实践过程中，首先，要进一步提高对政协工作向基层延伸的必要性的认识，特别是要从推进社会主义民主政治建设的高度重视政协基层组织建设。乡镇（街道）一级政协基层组织的性质、地位、作用是人民政协性

① 《十八大以来重要文献选编》（上），中央文献出版社2014年版，第21页。

质、地位、作用在基层的发展和具体化：从性质上看，基层政协从属于中国人民爱国统一战线的组织，是中国共产党领导的多党合作和政治协商的重要机构，是我国政治生活中发扬社会主义民主的重要形式；从地位上看，基层政协在上级政协的指导下和当地党委的领导下开展工作，成为我国政治体制的组成部分；从作用上看，基层政协可以更好地了解民意、集中民智、凝聚民力，为党委、政府工作和经济社会发展服务。其次，要不断总结交流经验，形成广泛共识。同时，要变共识为合力，进一步加大政协基层组织建设的推进力度，为乡镇（街道）一级政协组织的设立和发展提供强有力的支持，使其显示出更强的生命力。

基层政协在协商民主中的稳定作用还体现在对自我职能的充分认知上。首先，完成上级政协交办的事项，贯彻执行好县（市、区）政协全体会议、常务委员会会议和主席会议所作出的决议、决定和布置的各项任务。其次，参与当地党委、政府的中心工作，自觉服从党委的统一领导，列席所在地党委、政府班子会议，主动与工作区域范围内的乡镇（街道）联系，密切与社会各界人士的联系，特别是与新的社会阶层人士和基层社会组织的联系，做好上情下达、下情上传，理顺情绪、化解矛盾，维护稳定、促进和谐的工作。再次，加强对政协委员的管理，做好与基层政协委员的联络联系工作，组织本工作区域范围内的政协委员进行理论和业务学习；组织政协委员积极履职为民，针对群众关注的热点、难点问题，开展视察、调研、评议、检查等活动，提出建设性意见。最后，加强自身建设，探索和完善工作机制，不断推进政协基层组织的制度化、规范化、程序化。

（二）基层政协是连接管，在协商民主中起到“上通下达”的基础作用

基层政协要因地制宜地探索“上情下达、下情上传”的新模式，一切要从实际出发，拓展政协在基层的发展空间。一是积极探索各种行之有效的建设模式。在当前不扩大机构行政编制的前提下，可以探索在乡镇（街道）建立政协工作联络机构，具体名称可以用政协工作委员会等。该机构作为县（市、区）政协的派出机构，与党委、人大、政府机构同级别，主要负责一定区域范围内的政协工作和委员联络等，其范围依据各地乡镇（街道）规模大小、政协委员人数等实际情况综合考虑划定，机构工作人

员可以专职，也可以兼职。二是基层政协组织要立足当地实际开展工作。要突出团结和民主两大主题，认真履行政治协商、民主监督、参政议政职能，紧紧围绕地区或所在乡镇（街道）党委、政府的中心工作，围绕当地老百姓最关心和关注的问题，组织辖区内政协委员积极反映社情民意、建言献策，使政协工作与基层其他工作相辅相成，形成良性循环。三是要以实际工作成效来评价和衡量政协基层组织建设。其标准主要是看它是否有利于促进解决关系人民群众切身利益的问题，是否能够助推当地经济社会发展，是否符合现代民主政治的要求。

（三）基层政协是增氧泵，在协商民主中起到增加动力的能动作用

基层政协在协商民主的发展战略中，应该充分体现作为最活跃、最亲民、最实在的政治单位的作用。一是把政协基层组织建设纳入基层民主制度建设的整体框架来把握。以加强政协基层组织建设为载体，强化公民的协商民主意识，使协商民主的实践变得更为丰满。乡镇（街道）一级政协组织具备完整的政协职能，发展基层民主、建设政治文明，要善于运用这一政协组织和民主形式，按照中共十七大的要求，统筹党委、政府和人大，根本性地解决政协基层组织的机构设置、人员编制和经费保障等问题。二是把政协工作列入对乡镇（街道）年度考核内容。落实考核责任制，不断拓展政协工作的广度和深度，不断推进政协基层组织制度化、规范化和程序化建设。乡镇（街道）党（工）委要切实加强和改善对政协基层组织的领导，听取政协工作汇报和研究政协工作，支持、配合政协履行职能，为基层政协委员参政议政创造良好条件；乡镇（街道）一级政协组织要积极履行职能，为乡镇（街道）党（工）委、政府（办事处）建言献策，推进领导决策的科学化和民主化，促进地方经济社会全面协调可持续发展。

二、基层政协在协商民主发展中的重要作用

（一）有利于巩固和发展最广泛的爱国统一战线

当前，我国正处于社会转型期，利益诉求的多样化、文化价值的多元化正在显现，特别是基层群众对民主的诉求不断增多。而近年来，随着我国城市化进程的加快和乡镇机构改革，一些地方特别是沿海省份的乡镇和

街道区划不断进行调整，出现了一批区域规模较大、经济实力较强、社会事业较为发达、功能设施比较完备的中心小城镇。同时诞生的还有大批新经济组织、新社会组织和新的社会阶层人士。因此，当前统战工作的对象已经不再仅仅局限于城市，而且广泛存在于乡镇（街道）基层。作为爱国统一战线的组织，人民政协必须顺应新时期统一战线出现的新情况新变化新趋势，高举大团结大联合的旗帜，把工作向基层延伸，使政协团结的对象延伸到基层，并尽量涵盖到当今社会的各个方面、各个领域，使我国新时期的统一战线真正成为全体社会主义劳动者、社会主义事业建设者、拥护社会主义的爱国者和拥护祖国统一的爱国者的最广泛的联盟。

人民政协具有广泛的代表性和包容性，作为爱国统一战线组织，人民政协包括了各党派、各人民团体、各民族和港澳台及社会各界代表人士，其组织构成本身就是中华民族具有强大凝聚力的重要体现。巨大的社会包容性有利于吸收各方面人士参与国事，有利于集中各族人民的智慧，为实现国家富强、人民幸福和祖国统一而共同奋斗。

（二）有利于扩大公民的有序政治参与

政治协商、民主监督、参政议政的三大职能，体现了人民政协的性质和特点，是人民政协区别于其他政治组织的重要标志。通过积极推动政治协商、民主监督、参政议政的制度化、规范化和程序化，努力推进基层社会主义民主政治建设再上新台阶。一要紧紧围绕重大决策，搞好政治协商。按照政治协商在党委决策之前、人大通过之前、政府执行之前的要求，确保各方面的意见建议得到充分表达，使基层党委政府制定实施的各项政策措施更加符合人民群众的愿望。二要紧紧围绕人民群众的根本利益，积极推进民主监督。进一步完善民主监督机制，不断拓宽民主监督渠道，通过视察、提案办理、反映社情民意等具有较强影响力的监督方式，对一些群众反映强烈的问题开展有效监督，努力提高民主监督的实效，促进党风、政风和社会风气的进一步好转。三要紧紧围绕经济社会发展的重大问题，积极参政议政。基层政协要根据当前经济社会中出现的重点、热点、难点问题，围绕基层中心工作、重点工作，组织力量，调查实情，理出思路，多献务实之策、多建有用之言，为基层党委、政府决策提供参考。

党的十七大提出的政治发展目标是“坚持国家一切权力属于人民，从各个层次、各个领域扩大公民有序政治参与，最广泛地动员和组织人民依法管理国家事务和社会事务、管理经济和文化事业”①。基层群众通过政治参与来表达利益诉求的愿望日益强烈，但公民对政治生活的意见表达和主动介入，必须依法通过一定程序来进行。作为我国政治生活中发扬社会主义民主的重要形式，政协特别是基层政协，可以成为贯通协商民主和基层民主的渠道，让政协成为基层群众有序政治参与的重要平台，使基层群众的各种意见、观点在政协得到充分表达、交流、碰撞、磨合，在利益综合协调的过程中，扩大重大问题协商求同的路径和范围，从而达成共识、汇聚力量。

人民政协具有广泛发扬民主，促进决策科学化、民主化的优势。人民政协遵循民主协商、求同存异的工作原则，在政协的各种会议和活动中，鼓励委员充分、如实地反映各界群众的意愿和呼声。需要对协商的问题做出决议时，坚持在充分协商后以少数服从多数原则进行表决，并在不违反章程规定的重要原则的前提下，允许保留意见。这有利于广开言路，集思广益，促进决策的科学化、民主化。

（三）有利于提高政协履行职能的实效

政治协商、民主监督、参政议政是人民政协的主要职能。人民政协要履行好这些职能，一个重要的前提是必须掌握实情、汇集民智，而基层是人民群众利益的交汇点、社情民意的汇集点、矛盾的易发点、稳定的关键点，掌握了基层情况就能充分了解社情民意。

政协的政治协商，主要是对国家和地方的大政方针以及政治、经济、文化和社会生活中的重要问题进行协商，各党派参加人民政协的工作，就共同性事务、政协内部的重要事务以及有关爱国统一战线的其他重要问题进行协商。而基层政协的工作则可以更广泛、深层次地参与到基层的经济社会发展中去，使协商更加有力。政协的民主监督，主要是对国家宪法、法律和法规的实施，重大方针政策的贯彻执行，国家机关及其工作人员的工作，参加政协的单位和个人遵守政协章程和执行政协决议的情况进行监督。而基层政协的工作则可以更清楚地了解到国家法律法规和方针政策在

---

① 《十七大以来重要文献选编》（上），中央文献出版社 2009 年版，第 22 页。

基层的贯彻落实情况，使监督更加到位。政协的参政议政，主要是对政治、经济、文化和社会生活中的重要问题以及人民群众普遍关心的问题，开展调查研究，进行协商讨论，通过调研报告、提案、建议案或其他形式，向党和国家机关提出意见和建议。而基层政协的工作则可以更直接地倾听群众的愿望、要求和呼声，使参政更富成效。总之，基层政协工作的开展，有利于体察民情、反映民意、集中民智，更好地维护广大人民群众的根本利益；有利于切实发挥委员的主体作用，扩大政协的影响，提升政协的形象；有利于拓展政协工作的空间，扩大政协工作的视野，永葆政协事业的生机和活力。

基层政协要围绕党委提出的目标任务，尽可能把广大政协委员和各界人士的积极性、主动性、创造性调动起来，把人才荟萃、智力密集的优势发挥出来，建言献策，聚合力量，在加快基层发展上做出更大的贡献。面对新的形势，一是要充分发挥基层政协团结面宽、联系面广的优势，多做提振信心的实事，调动一切积极因素，汇聚一切发展资源，激发一切创造活力，把发展的氛围造得更浓，把创业的劲头鼓得更足。二是要善谋应对危机的良策。基层政协要立足实际，把握经济发展脉搏，不断为发展提供新思路；要深入开展调查研究，积极借鉴先进经验，不断为发展总结新经验；要积极破解发展难题，探索落实机制，不断为发展谋划新举措。

（四）有利于保证协商有效

基层政协围绕协商议题深入开展调查研究，客观、科学、理性地反映问题，提出意见和建议，表达愿望和诉求，是保证协商有效的重要前提。协商主题确定之后，各地基层政协一个重要的工作任务就是要充分发挥组织功能和人才优势，围绕这些协商议题组织相关界别的委员深入开展调查研究，要科学制定方案，对调研过程中可能出现的情况进行预判，并做好充分的准备。要组织通报情况，在调研活动正式启动之前，组织党委、政府或相关部门就调研主题的相关内容向调研组进行通报，使调研组成员知情明政，有的放矢。为了能够全面收集情况，基层政协一方面需要组织调研组，深入基层、深入群众、深入实际了解情况，摸清调研主题的真实状况和干部群众的真实想法；另一方面，则是收集与调研主题相关的法律法规和政策规定，以及来自其他地方的一些经验教训，充分掌握第一手资料，做实专题调研的基础工作。必要的时候，还应根据需要组织相关专业人士进行分析认证，准确把握法规、政策与实际情况，认真分析存在的现实问题，提出科学地解决问题的办法和措施，力求最后形成的调研报告情况准确、分析透彻、建议具体，以达到协商的预期目的，这是协商价值的重要体现。

同时，要紧扣关系地方经济社会发展全局的重大问题、人民群众反映最强烈的民生问题，发挥政协委员智囊团、人才库的优势，多层次开展专题调研和协商议政活动，向党委和政府建有据之言、献务实之策。要坚持把涉及群众切身利益的民生问题作为政治协商的重点议题，把群众反映强烈的民生问题作为民主监督的重要内容，把改善民生作为参政议政的重要工作。无论是视察、调研，还是提案、反映社情民意等各项工作，都要体现民生需求，多谋民生之利，多解民生之忧。

（五）有利于政协主动做好群众工作

政协工作是特殊的群众工作。随着经济体制深刻变革、社会结构深刻变动、利益格局深刻调整、思想观念深刻变化，新形势下群众工作的本质要求是实现好、维护好、发展好最广大人民群众的根本利益，关键在于协调好涉及群众利益的各种关系。基层是社会的基础，基层又是人民群众工作的主要阵地、生活的重要场所。历史是由人民群众创造的，新形势下的群众工作，必须做到眼睛向下、重心下移，把工作精力和注意力更多地放到基层。

基层政协要在协助党和政府做好团结群众、联系群众、服务群众的工作中发挥优势、体现价值，就必须把以人为本、履职为民作为基层政协工作的根本出发点和落脚点，多从基层群众的利益出发，问政于民、问需于民、问计于民，多做顺民意、解民忧、惠民生的实事，多办体察群众情绪、反映群众诉求、集中群众智慧、维护群众利益的好事。基层政协要围绕始终坚持党的领导，自觉地把自身工作放到基层工作的大局中去把握，与党委政府的中心工作和谐共振，把实现和维护最广大人民的根本利益作为政协工作的出发点和落脚点，始终与人民群众的脉搏一起律动，切实增强全体政协委员的责任感、使命感，富有成效地履职为民。

基层政协坚持牢牢把握团结和民主两大主题，就能更好地维护社会和谐稳定，为构建和谐基层做出新的贡献。具体来说，一是要加强团结，营造和谐。要充分发挥人民政协广泛性、包容性、多样性的优势，通过平等相待、民主协商的方式，形成谅解宽容、团结互助的良好风尚，营造平等友爱、融洽和谐的社会环境。要继续保持和发扬优良传统，本着“求同存异”的原则，不断加强同各团体、各阶层、社会各界人士的联系，把一切关心基层发展的人士团结起来，把一切推动基层发展的积极因素激发出来，努力营造齐心协力、同舟共济的和谐氛围。二是要“以民为本”构建和谐。基层政协要始终坚持把“以民为本”作为工作的出发点和落脚点，在畅通社情民意的渠道上多下功夫，经常深入基层、深入群众，体察群众疾苦，倾听群众呼声，反映群众意愿，多做统一思想、增进理解、凝聚人心的工作，多做化解矛盾、理顺情绪、排忧解难的工作，为构建和谐基层减少阻力、添加助力、凝聚合力。三是要立足实情维护和谐。基层政协既要引导基层各界人士看到近年来经济社会发展所取得的突出成绩，也要引导各界人士充分认识解决基层经济结构矛盾的重要性，促进社会事业发展。要帮助群众正确认识发展与稳定的关系，正确处理全局与局部的矛盾，正确面对暂时的困难和问题，形成一心一意谋发展、齐心协力促和谐的良好局面。

总之，人民政协坚持把发扬民主与加强团结有机地统一起来，以发扬民主促进各方面的紧密团结，又在紧密团结的基础上发展更为广泛的民主。这有利于社会主义民主的不断进步和发展，有利于巩固和发展民主团结、生动活泼、安定和谐的政治局面。

第六章　基层政协的协商民主实践

中国的协商民主是结合自身的国情和发展而形成的具有中国特色的社会主义民主政治形式。政协作为协商民主的重要载体，要充分发挥各级人民政协特别是基层政协作为协商民主重要渠道的作用。处于我国政协体系基层的市辖区政协、县政协和县级市政协，要有效发挥协商民主的作用，就必须在人民政协协商民主的全局中去把握基层政协协商民主，并结合基层工作实际，认真贯彻落实中央的方针政策，推动基层政协协商民主的实践创新与不断发展。

第一节　基层政协协商民主的实践历程

我国的协商民主在基层政协的实践，萌芽于抗日战争时期陕甘宁边区和各敌后抗日根据地成立的“三三制”政权，这种协商民主实践推进了我国的协商民主进程。新中国成立初期，人民政协曾经是临时代行人大职权的机构。而后，人民政协的这种使命随着全国人民代表大会制度的确立而结束。进入改革开放新时期，人民政协制度得以恢复和发展，特别是党的十八大和十八届三中全会明确提出，要充分发挥各级人民政协尤其是基层政协作为协商民主的重要渠道作用，从而极大地推动了基层政协的协商民主实践。

一、萌芽阶段

中国的协商民主实践源于抗日战争时期的“三三制”政权。“三三制”

政权有其产生的历史必然性，是中国共产党在抗战期间建立的抗日民族统一战线政权，即在抗日民主政权机关中，共产党员、左派进步分子、中间派大体各占三分之一。党外人士通过“三三制”政权，参与到政权机关中，与中国共产党进行民主协商，沟通交流，发表意见，最终达成“一致协议”。“如果彼此之间发生政策上和政治上的严重的原则的分歧，而在个人协商方式下不能求得一致时，就应该依据民主集中制的原则，经过政府会议和民意机关去解决，避免共产党人同非党人士之间的个人的对立”①。所以，“三三制”政权这种协商中尊重信任党外人士的做法，为抗日民族统一战线的扩大提供了坚实的根基。同时，“三三制”政权因其广泛的参与性和巨大的包容性，使其具有协商民主的特征，因而是中国协商民主实践的萌芽。这种协商民主的特征不仅表现于中央一级，还体现在地方基层一级。

在基层，“三三制”政权的协商民主特征主要表现在选举民主和民主集中制基础上的协商一致两方面。在选举民主方面，“三三制”政权实行参议会制，即按照普遍、直接、平等的方式，人民选举各级参议员包括基层参议员。这种选举的普遍性在《陕甘宁边区选举条例》中进行了有效规定，即“凡居住边区境内的人民，年满十八岁，不分阶级、党派、职业、男女、宗教、民族、财产和文化程度的差别，都有选举权和被选举权”②。所以，在陕甘宁边区的选举中，选民的参选率曾达到82.5%，提高了人民的参与热情。然而，要真正实行民主选举，反映最广大人民的意见，还应落实直接选举。以陕甘宁边区为例，由于当时农民文化素质较低，所以选择投豆、画圈、画点、举手表决等投票方式让选民直接参与选举。边区和各敌后抗日根据地的民主选举对促进我国的民主协商发展具有重要的作用。在民主集中制基础上的协商一致方面，陕甘宁边区积极探索协商民主新形式，召开党外人士座谈会，吸引各界人士参政议政、协商交流意见，有效促进了各项工作的开展。

---

① 《李维汉选集》，人民出版社1987年版，第150页。

② 《建党以来重要文献选编（1921—1949）》（第十九册），中央文献出版社2011年版，第210页。

作为在特殊历史条件下形成的“三三制”政权，其协商民主实践对新中国成立后各级政协会议的召开提供了宝贵的经验，对现在的政协特别是基层政协的协商实践具有重要意义。

二、代行人民代表大会职权阶段

1946年1月，在抗战胜利后的国内外新的形势下，中国召开了第一次的政治协商会议（即“旧政协”），但由于国民党代表大地主大资产阶级的利益，使得政治协商会议通过的5项协议随着半年后国民党挑起内战而被撕毁；政治协商会议这种形式本身，也因国民党包办的“国大”的召开于1946年11月宣告结束。但是，由于“旧政协”具有广泛的参与性和协商性，因而可以说是对中国协商民主实践的探索，并为新中国成立后的中国人民政治协商会议的召开提供了依据。此后，1948年中国共产党发布了著名的“五一口号”，为人民政协的创立奠定了舆论基础、组织基础和思想基础，并最终促成了人民政协的创立，使人民政协成为人民民主统一战线的组织形式，建立新中国的篇章就此拉开。1949年，中国人民政治协商会议第一届全体会议在北平召开，标志着中国人民政治协商会议正式成立。

周恩来指出：“形成今天中国人民政治协商会议这样的组织。可以说这是一百多年来民族民主革命运动牺牲奋斗的果实，也可以说是三十年来新民主主义革命运动获得胜利的集中表现。假如没有一百多年来革命运动的历史积累，尤其是三十多年来的新民主主义革命运动，便不可能有今天这样济济一堂的政治协商会议。”① 从新中国成立到人民代表大会召开这段时间，由于建立全国人民代表大会的条件不具备，人民政协作为临时权力机构代行全国人民代表大会的职权。人民政协制定通过的具有临时宪法性质的《中国人民政治协商会议共同纲领》和《中国人民政治协商会议组织法》使新政权具有合法性，为新中国政治制度的建立奠定了基础。代行人大职权时期的人民政协，其职权不仅体现在中央层次的政协全体会议上，也体现在地方层次的各界代表会议上。

在基层，地方人民政协在普选的人民代表大会召开以前，召开各界人

① 《周恩来统一战线文选》，人民出版社1984年版，第135页。

民代表会议代行人民代表大会职权。周恩来指出："现在各地召开的各界代表会议，实际上就是地方的政治协商会议，也可以说就是中国人民政治协商会议的地方委员会。"[①] 这个阶段，地方各界人民代表会议全体会议发挥着人民代表大会的作用，"在各级人民代表会议中，必须使一切民主阶层，包括工人、农民、独立劳动者、自由职业者、知识分子、民族工商业者以及开明绅士，尽可能地都有他们的代表参加进去"[②]。代表的广泛性体现了地方各界人民代表会议是具有地方人民代表大会特征的组织机构。同时，根据地方各界人民代表会议组织通则，作为权力机关的地方各界人民代表会议，享有相应的职权。之后，虽然随着社会形势以及相关方针政策的变化，人民政协代行人大职权的使命也随之终结，但其在新中国成立初期对国家的政治生活发挥了重要作用，是中国探索自己的协商民主道路的重要尝试，为我国基层政协的协商民主实践提供了宝贵的财富。

三、由发展到停顿阶段

1954 年，第一届全国人民代表大会第一次会议通过中国历史上第一部社会主义宪法——《中华人民共和国宪法》，标志着人民政协代行人大职权阶段的结束。由于《宪法》《中国人民政治协商会议章程》的制定，人民政协的性质、功能也随之发生变化，我国的根本政治制度是人民代表大会制度，作为统一战线组织的人民政协不再行使国家权力。但人民政协仍将继续发挥作用，有存在的必要性。在国家政治生活中，人民政协继续发挥协商民主作用，密切与人民群众联系。但是，从 1954 年到 1978 年，中国人民政治协商会议全国委员会仅召开了 7 次全体会议，说明人民政协地位有所下降。尽管在 1954 年到 1956 年仍处于发展阶段，但之后无论是全国政协还是基层政协都在曲折中发展，"文革"时期则遭遇停顿。

在基层，地方政协取得了一定程度的发展，特别是在组织层面上。人民政协代行人大职权阶段通过的《中国人民政治协商会议组织法》规定，地方委员会仅在重要地区、城市及省会设置。1954 年，全国政协召开二届

① 《周恩来统一战线文选》，人民出版社 1984 年版，第 137 页。

② 《毛泽东选集》（第 4 卷），人民出版社 1991 年版，第 1309 页。

一次会议，通过了《中国人民政治协商会议章程》，地方政协以此为依据设立地方委员会并开展各项工作，取得了较快发展。1960 年，全国各地共设立 1023 个地方委员会[①]。地方政协组织从 1949 年的 9 个发展到 60 年代中期的 1000 多个。虽然地方政协在组织层面取得一定发展，但到“文革”时期却遭受冲击。例如，据安徽省《六安县志》记载：“1966 年 2 月，县政协召开第五届委员会议，出席委员 105 人。大会选举县委书记倪学昌为主席，李风岐、吴季讷、韦上伊、周运富、朱宗良为副主席。常务委员 23 人。本届政协第一次会议开过不久，‘文化大革命’开始，县政协一切活动被迫停止，政协委员中很多人都成了斗争对象。”[②] 由此可以看出，在“文革”期间，地方政协难以发挥自身应有的作用。但是也应当看到，在此阶段，选举民主与协商民主相结合的协商民主形式初步形成。

四、恢复与全面发展阶段

改革开放以来，我国进入新的历史发展时期，人民政协制度也逐渐得以恢复和发展。1978 年，全国政协五届一次会议通过了修改的政协章程，推进了政协工作的全面恢复。人民政协的性质、地位、作用第一次在 1982 年五届全国人大五次会议通过的《中华人民共和国宪法》序言中得以规定，从而为人民政协的发展提供了法律依据。把政治协商纳入决策程序，在决策前和决策中进行协商的原则，为人民政协的政治协商提供了有效保障。之后，人民政协的政治协商功能渐渐得以确立。随着社会的迅速发展，人民政协的功能作用也发生了变化，但政治协商作为人民政协的职能一直存在并发挥作用。特别是党的十八大提出，要充分发挥基层政协作为协商民主重要渠道作用，积极推进协商民主广泛多层制度化发展和社会主义民主政治建设，推动基层政协协商民主实践的开展。

① 陈叔通：《中国人民政协协商会议第三届全国委员会常务委员会工作报告》，《人民日报》1960 年 3 月 30 日，第 2 版。

② 六安县地方志编纂委员会编：《六安县志》，黄山书社 1993 年版，第 426—427 页。

第二节　新时代基层政协协商民主的发展逻辑

基层政协协商民主植根于中国民主政治发展的现实土壤，是我国协商民主体系的重要组成部分。基层政协协商民主的创新发展是协商民主理论丰富发展的结果，也是基层协商民主实践推动的成果。党的十九大宣告中国特色社会主义进入新时代，全面深化改革取得重大突破，社会主要矛盾发生转变，人民群众对美好生活的向往是基层政协推进协商民主的根本遵循，这种全方位的变化为基层政协协商民主提供了更加广阔的舞台。在新时代协商民主理论指导下，基层政协积极推动协商民主，实现基层群众的新要求，回应基层社会主要矛盾的新变化。与此同时，十九大肯定了基层政协协商民主的制度性，新时代也延续了基层政协协商民主的制度优势，从而使其政治优势得以继续发挥，这是将基层政协协商民主推向前进的政治保障。

一、新时代基层政协协商民主的政治优势

一是制度优势。人民政协是适合中国国情、具有鲜明中国特色的制度安排，其政治地位和法律地位在国家宪法中都有明确规定。党的十九大报告指出："人民政协是具有中国特色的制度安排，是社会主义协商民主的重要渠道和专门协商机构。"① 这是对人民政协在整个国家治理体系和协商民主制度体系中重要地位的论述，而基层政协作为人民政协组织体系中的一部分，开展各项基层工作亦有可遵循的规定，并逐渐走向制度化轨道，在地方治理体系和基层协商民主制度体系中发挥着重要作用，并为基层政协发挥协商民主重要渠道作用提供了有效的制度保障。

二是组织优势。人民政协是实行基层协商民主最重要的组织载体，基层政协协商民主以基层政协为载体。人民政协"是社会主义协商民主的重

① 习近平：《决胜全面建成小康社会　夺取新时代中国特色社会主义伟大胜利——在中国共产党第十九次全国代表大会上的报告》，人民出版社2017年版，第38页。

要渠道和专门协商机构”，要“把协商民主贯穿政治协商、民主监督、参政议政全过程”①，这三大功能为基层政协有效发挥协商民主重要渠道作用提供了最直接的平台和舞台。与此同时，在实际操作过程中，人民政协具有完备的组织体系，健全的制度规定、工作方法，基层政协也有灵活的协商方式。在一定程度上，正是由于基层政协广泛的代表性、巨大的包容性、协商的民主性，才使得人民政协协商民主被寄予中国协商民主改革创新的厚望，特别是各地方基层政协，作为地方非权力机构，具有实施协商民主的特殊优越性。

三是地位优势。一方面，基层政协不是地方权力机构，在体制内的位置比较特殊，“亦官亦民”。相对于人大和政府，它不是权威性很强的部门，但又不同于人民团体及社会组织等体制外行动主体，基本没有自身的特殊利益，因此，在协商民主和基层治理的具体实践中，基层政协的功能没有基层人大、党委、政府那么凸显。但是，在十八大确定了协商民主制度之后，基层政协紧紧围绕“政治协商”这一政协的传统职能定位，积极发挥协商民主的作用，而且相比于全国、省级政协，基层政协在协商民主方面的探索更有优势，因为在传统的制度框架难以突破的情况下，基层探索往往更容易摆脱传统的政治约束，在具体实践中探索新的模式、方法及可行性路径。因此，基层政协协商民主相对于高层政协协商民主来说，具有更大的发展弹性和探索空间。

二、新时代基层政协协商民主的现实关照

马克思主义认为，经济是政治的基础，“政治发展是由经济发展决定和推动的，经济发展的水平和前景直接决定了政治发展的前提和可能”②。并且，经济发展为政治发展和改革提供了契机。经过改革开放 40 年的发展，我国社会主义市场经济蓬勃发展，人民群众物质生活水平极大提高，广大基层的社会基础、经济基础也相应发生了深刻变革，人民群众的生活

① 习近平：《决胜全面建成小康社会　夺取新时代中国特色社会主义伟大胜利——在中国共产党第十九次全国代表大会上的报告》，人民出版社 2017 年版，第 38 页。

② 王沪宁：《政治的逻辑：马克思主义政治学原理》，上海人民出版社 2017 年版，第526 页。

实现了由“求生存”到“求发展”再到“求幸福”的历史性飞跃。随着基层经济发展水平的提升，民众的政治参与意识不断增强，而协商民主恰恰为基层民众提供了政治沟通的平台。

进入新时代，十九大报告明确提出了我国社会主要矛盾转变为“人民日益增长的美好生活需要和不平衡不充分的发展之间的矛盾”。着力解决这个矛盾将需要全方位的变革，因为“社会基本矛盾决定执政政策的发力点”①，国家政治发展的方向要顺应社会主要矛盾变化的指向，这一关系全局的历史性变化对党的执政提出了新要求，因此党的十九大报告提出：“协商民主是实现党的领导的重要方式，是我国社会主义民主政治的特有形式和独特优势。”② 将协商民主提升到党的领导、党的执政方式的高度。因此，要在我国发展的新的历史方位下，发挥人民政协的独特优势，把人民政协协商民主打造成中国特色社会主义协商民主的扛鼎之作。

“人民群众是社会主义协商民主的重点。涉及人民群众利益的大量决策和工作，主要发生在基层”③，这就为基层政协进行最广泛的协商民主探索提供了广阔的舞台。因为在整个协商民主体系中，基层尤其是社区、街道、乡镇等基层社会的协商是最基础、最广泛的，也是最有创新性的，这些地方才是协商民主的根基。进入新时代，对社会主要矛盾变化感受最深的应当是基层的普通群众。他们对于基层社会中“不平衡不充分”的发展最有发言权，而“不平衡不充分”在很大程度上体现为经济发展与政治发展的不平衡、民主法治建设的不充分。同时，“人民美好生活需要日益广泛，不仅对物质文化生活提出了更高要求，而且在民主、法治、公平、正义、安全、环境等方面的要求日益增长”④。因此，人民群众对民主的追求、对美好生活的向往等对社会主义协商民主提出了更高的要求，而“人

---

① 曹帅、许开轶：《论新时代执政合法性重塑的逻辑与路径》，《内蒙古社会科学》2018 年第 2 期，第 18 页。

② 习近平：《决胜全面建成小康社会　夺取新时代中国特色社会主义伟大胜利——在中国共产党第十九次全国代表大会上的报告》，人民出版社 2017 年版，第 38 页。

③ 《习近平谈治国理政》（第二卷），外文出版社 2017 年，第 297 页。

④ 习近平：《决胜全面建成小康社会　夺取新时代中国特色社会主义伟大胜利——在中国共产党第十九次全国代表大会上的报告》，人民出版社 2017 年版，第 11 页。

民政协的民主协商是中国民主形式的最集中的体现”[①]，以基层政协协商民主推动基层不平衡、不充分的矛盾的解决，满足基层民众对美好生活的追求，这也是基层政协协商民主发展需要遵循的目标。

三、新时代基层政协协商民主的理论支撑

马克思主义认为，实践是理论的基础，是检验理论真理性的标准。与此同时，理论对实践也具有巨大的指导作用，而伟大的思想、伟大的理论对实践的发展起着至关重要的推动作用。党的十八大以来形成的习近平新时代中国特色社会主义思想，是以习近平同志为核心的党中央紧密结合新的时代条件和实践要求，取得的具有历史性突破意义的伟大理论成果。中国特色的协商民主理论是习近平新时代中国特色社会主义思想的重要组成部分，有其深厚的理论基础。协商民主理论不仅汲取了马克思主义经典作家的民主政治思想理论精髓和中华民族优秀政治文化中的民主思想，更是植根于中国共产党的革命、建设、改革和治理的伟大实践。伟大的实践创造出伟大的思想，同时又指导新时代的实践发展，为基层政协协商民主实践提供了强大的理论支撑，更加科学地指导基层政协协商民主实践不断发展。

习近平新时代中国特色社会主义思想包括了新时代协商民主建设的新思想，为基层政协协商民主建设做出了顶层设计，提供了基本遵循。以人民为中心的发展思想贯穿习近平新时代中国特色社会主义思想的始终，而基层政协协商民主的落脚点也是以人民为中心，本质是参政为民，各党派、团体在中国共产党的领导下，为社会主义民主政治发展贡献力量。人民政协协商民主是社会主义协商民主的最高形式，在基层，人民政协充分发挥自身组织的政治优势，在新时代协商民主理论的指导下积极推进协商民主工作。在以人民为中心的发展思想指导下，中央对基层特别是乡村建设给以高度重视，出台了一系列重要文件。十九大报告提出乡村振兴战略，2018 年“中央一号文件”聚焦乡村振兴战略，建设现代乡村要“发挥各民主党派、工商联、无党派人士等积极作用”，要“统筹推进农村经

① 林尚立：《中国民主的政治逻辑：以人民政协为中心的考察》，《中国政协理论研究》2012 年第 1 期，第 23 页。

济建设、政治建设、文化建设、社会建设、生态文明建设和党的建设，加快推进乡村治理体系和治理能力现代化”①。而基层政协协商民主要把实现基层经济建设、政治建设、文化建设、社会建设、生态建设，实现人与人、人与社会、人与自然和谐发展作为协商民主的价值目标。

第三节　新时代基层政协协商民主的实践旨趣

良好的制度需要实践的检验，有效的民主形式才能满足民众的体验。“社会主义民主不仅需要完整的制度程序，而且需要完整的参与实践”②，因为只有在实践中，才能够发挥协商民主的价值和功用，才能够获得民众的认可和支持。在习近平新时代中国特色社会主义思想引领下，各地基层协商民主广泛扎实推进，实践基础不断厚实，参与形式不断创新。作为社会主义基层协商民主的重要实践形式，基层政协协商民主丰富了民众的政治体验，孵化了参与、理解、宽容、理性的公共精神，推动了基层协商民主文化建设，并在一定程度上缓解了基层治理矛盾，促进了基层协商治理，推动了基层治理现代化。与此同时，基层政协协商民主过程体现了政党合作的核心理念，有利于提升基层党组织的权威。

一、促进基层协商治理，推进基层治理现代化

基层协商民主是当代中国民主政治发展的一个重要内容，也是基层治理现代化的一个重要组成部分，因为“协商民主在当下的国家治理中，具有从国家层面到基层治理的政治合法性基础”③。协商治理是基层治理现代化的发展方向，它有利于缓解现代化进程中的社会矛盾，而基层协商民主是推进基层协商治理的重要路径。把协商民主引入基层治理中，基层协商民主以基层政协为引领，把平等、公平的协商精神作为基层治理的有效资

① 《中共中央国务院关于实施乡村振兴的实施意见》，《人民日报》2018 年 2 月 5 日，第 1 版。

② 《习近平谈治国理政》（第二卷），外文出版社 2017 年版，第 292 页。

③ 俞可平：《基层协商民主》，中央文献出版社 2015 年版，第 3 页。

源提炼出来，可以推动基层的有效治理，因为这种平等、公平的协商精神是基层协商民主和基层社会治理共同的价值取向。

基层政协协商民主作为地方的一种治理方式，可以缓解基层社会矛盾，创造稳定的基层秩序，引领基层社会治理现代化的方向。现代化进程中伴随着利益格局的重新调整，而基层是新的矛盾和冲突爆发的前沿，基层政协在推进协商民主的过程中，重协商、重民主，过程往往是公开、民主的，这对于疏导和化解社会矛盾是有益处的。与此同时，基层政协作为地方非权力机构，在协商民主的过程中，能够充分吸收民众的意见、尊重民众的权利，最大限度地满足群众的期望，因为“协商民主的方法并不是靠上级的行政手段来解决问题，而是靠公众的理性能力来解决问题”①。政协的协商民主在一定程度上弥补了基层政府在现代化转型中所留下的权力间隙，顺应了基层民主政治空间拓展和人民群众民主协商意识增强的现实情势。基层政协协商民主作为构建广泛、多层、制度化协商民主机制中的重要一环，通过不断创新给基层治理现代化注入了新的活力。

协商民主作为一种治理方式在互联网时代的基层治理中也起着重要作用。网络社会的出现给基层治理带来巨大挑战。互联网作为一种传播工具，打破了时间、空间的限制，方便了民众与政府的沟通，并降低了政治参与成本，而且网络思维中的平等、开放、共享、协作的理念与协商民主的公开、平等、合作、理性的价值观高度吻合。如何把协商民主和网络社会治理结合起来，对基层政协也是一种新挑战。基层政协协商民主的创新方法引领基层治理的新实践，最近几年来，一些基层政协充分利用网络技术、大数据等挖掘协商民主的价值，在基层治理方面发挥着独特的功用。例如，湖北省房县政协积极探索“互联网+协商民主”，通过网上“社情民意直通车”，对政协常委会议进行网络直播；开设“参政议政堂”网络访谈互动节目，邀请政协委员直面网民②。

① 何包钢：《协商民主和协商治理：建构一个理性且成熟的公民社会》，《开放时代》2012年第4期，第26页。

② 《房县政协社情民意“直通车”让政协有位有为》，湖北省政协门户网站，2017年9月27日，https：//www. hbzx. gov. cn/do/bencandy. php？ fid = 74&id = 54334（访问日期：2018年2月10日）。

二、丰富民众政治体验，推动基层协商民主文化建设

政治体验是民众在政治参与实践过程中心理、情感的感受程度。良好的政治体验是政治民主化的集中体现，有利于提升民众的政治认同度，而基层政协通过生动鲜活的协商民主形式，直抵基层民众的内心世界，可以提升他们的政治体验度和感受度，丰富他们的政治生活。在基层民众的心目中，协商民主不仅是一种政治制度，更是民众实现自身价值的政治体验。基层政协协商民主体现了“尊重每个人的尊严、保障每个人的权利”的内在价值，这种内在价值正是“满足人民群众对美好生活向往”的最重要的体现，这也符合社会主义基层民主的本质要求。

在很大程度上，民众良好的政治体验来源于基层协商民主过程中公共精神的呈现，协商民主的过程孕育协商精神，协商精神是公共精神的体现。基层政协协商民主就是基层民众有序政治参与的重要形式，“就是发扬民主、集思广益的过程，就是统一思想、凝聚共识的过程，就是科学决策、民主决策的过程，就是实现人民当家作主的过程”①。这个参与过程是基层社会现代民主的重要体现，在这个广泛协商、发扬民主、凝聚共识的过程中，同时也孕育了民众参与、理解、宽容、理性的公共精神。例如，浙江省舟山市定海区政协积极探索委员工作室组团运作模式，把工作室发展为收集、交流、参与、反映、对话的协商平台。借助这样的平台，普通民众能够和政协委员深入交流，积极协商，共同推动民生工作②。

培育公共精神是推动基层协商民主文化建设的重要路径。基层民众在参与基层协商民主的过程中，长期受到这种协商、参与、理性文化的熏陶和浸润，协商民主意识可以融入他们的社会生活和政治生活，逐渐地，协商民主就会成为他们的一种习惯、一种生活方式。在一定程度上，基层政协协商民主弥合了基层民众民主理想与现实政治参与实践之间的距离，创造了民主和谐的政治文化氛围，通过协商民主实践，在不知不觉中凝练出

---

① 《习近平谈治国理政》（第二卷），外文出版社 2017 年版，第 293 页。

② 《让协商民主在基层开花结果》，浙江省政协门户网站，2018 年 1 月 11 日，http：//www. zjzx. gov. cn/llyj/zxlltt/content_ 66209（访问日期：2018 年 2 月 10 日）。

成熟的基层协商民主文化，而成熟的协商民主文化才是基层政治改革和社会进步的持久动力。

三、体现政党合作的核心理念，提升基层党组织的权威

基层政协协商民主从根本上提升了民众的政治认同，体现了政党合作的核心理念。人民政协本身是政党合作的产物，是中国共产党领导的多党合作的组织，而“人民政协协商民主是国家政党关系的制度体现”①。党的十九大提出，协商民主是实现党的领导的重要方式，在统筹推进协商民主广泛、多层、制度化发展中要坚持党的领导。因此，基层政协协商民主的实践，一方面反映了基层政协参政为民的本质要求，另一方面也体现了执政党执政为民的根本宗旨。在基层实践中，地方政协往往善于围绕党委和政府的中心工作助推协商民主，最大限度地超越了党派之间的利益，以人民群众的根本利益作为协商民主的出发点和落脚点。

新时代协商民主思想是习近平新时代中国特色社会主义思想的重要组成部分，而习近平新时代中国特色社会主义思想强调坚持党对一切工作的领导，人民政协协商民主也不例外。“坚持党对一切工作的领导”作为新时代坚持和发展中国特色社会主义基本方略的第一条，是新时代党建的最根本要求，也是协商民主能够发挥重要作用的根本前提。基层政协协商民主无疑也贯彻了这一根本原则。在广大基层，人民政协在中国共产党的领导下，积极广泛开展协商民主，协商民主的效果、水平在很大程度上反映了党组织的领导水平。基层政协协商民主在一定程度上也提高了基层群众的广泛认同。这个认同是对基层协商民主的认同，但归根结底，是民众对执政党方针政策的认同，对执政党领导的认同。这个认同是执政合法性的体现，而执政党权威的树立是来源于执政合法性的。政治合法性涉及民众对政治统治的支持、认同与信仰，合法性直接关系到执政党执政的根基。因此，协商民主提升了广大民众的政治认同，维护了基层党组织的权威。

基层政协协商民主作为协商民主广泛多层制度化发展中的重要一环，

① 俞可平：《人民政协与协商民主》，中央文献出版社 2015 年版，第 120 页。

承载着中国基层民主政治发展的新期望。在新时代，基层政协协商民主能否引领基层协商民主的发展方向，能否适应新时代的要求、回应新时代的变化，这些问题是对基层政协协商民主的新考验。当前，基层政协协商民主还处在不断探索、实践阶段，面临着许多问题，例如，有的地方在实践中存在“解决问题的结果重于协商的民主程序”，协商民主的过程往往受到地方政府的权威干涉；公民协商民主的体验度、满意度不够，象征性协商满足不了公民的主观参与愿望；协商民主的程序与方法还有待进一步创新，等等。因此，基层政协协商民主要主动融入地方，适应新时代基层发展变化，充分发挥基层的主观能动性和创新性，在符合社会主义协商民主基本原则下走出中国特色的基层政协协商民主道路。

用新思想指导新时代基层政协协商民主新实践。在习近平新时代中国特色社会主义协商民主思想的指导下，在全面深化改革的大潮中，坚持以人民为中心的理念，积极推进基层政协协商民主。一是在统筹推进战略框架中，基层政协协商民主要与基层政党协商、与基层人大协商、与基层政府协商、与基层人民团体协商和与基层社会组织协商同步推进，借鉴成功经验。二是充分发挥基层政协的政治协商功能，借助体制内协商资源，实现由协商走向民主，推动基层政协协商民主可持续发展。三是基层政协重视新时代社会发展需求，积极回应新时代社会发展变化，积极探索适合本地区的协商民主的具体操作程序、方法和技术，实现协商民主的移植性和中国基层政协协商民主的内生性的完美结合。四是借助网络信息技术，推动基层网络协商民主，提升民众的网络政治体验。

第四节　基层政协协商民主的实践机制

要有效发挥基层政协协商民主的作用，必须了解和掌握我国基层政协进行民主协商的实践机制，包括实践参与主体、实践形式、实践程序、实践内容等，这样才能真正有效地推动我国社会主义协商民主广泛多层制度化发展。本节以南京市秦淮区政协的协商民主实践为例进行具体分析。

一、实践参与主体

按照《中国人民政治协商会议章程》《中共中央关于加强人民政协工作的意见》的规定，基层人民政协协商民主实践的参与主体包括基层政协委员、各民主党派和无党派人士、各界别人士，以及基层政协机关。

人民政协参与协商民主实践的主体是政协委员，政协委员是由各党派团体、各族、各界共同协商推荐出的代表人士。要切实使政协委员的主体作用得到发挥，除各级政协机关要为其创造良好的外部环境之外，政协委员自身也需要发挥主观能动性。通过学习政协理论知识，了解政协运作规律，积极参加政协活动，增强政协委员的责任感，激发其内在动力和创造力，从而提高协商议政的能力和水平。

根据“长期共存、互相监督、肝胆相照、荣辱与共”的方针，各民主党派和无党派人士对于推进政协各项工作的开展，强化政协自身建设具有重要作用。作为政协组织重要组成部分的各民主党派和无党派人士，不仅能够与中国共产党一同协商议事，互相监督，而且拥有视察、发表意见、反映社情民意的权利，从而确保了其工作的有效开展，推进了我国社会主义民主政治建设。

作为政协组织基础的界别是政协特性的集中体现，是政协履行职能的重要渠道。界别，从某种意义上说，是社会阶层分布在人民政协中的表现。人民政协界别的广泛性、包容性、专一性、时代性的特点，有利于协调各种关系、凝聚各方力量、缓解矛盾冲突，有利于与时俱进，丰富政协工作方式，开拓政协工作的新领域。

政协机关作为人民政协的办事单位，在整个组织中发挥着重要作用。要推进政协工作的实施，政协机关必须强化自身建设，成为学习型、服务型的机关，通过学习制度的建立和相关方面知识的学习来提高自身的思想理论水平，从而更好地为政协委员建言献策服务。政协机关不仅具有政治性，而且具有服务性。强化政协委员为政协履职服务的意识，能够使政协的各项工作协调有序地开展。总之，人民政协机关建设的加强，能够为政协履职工作的实施提供保障。下面对南京市秦淮区政协的组成进行具体阐述，从而更加明确基层政协机关的构成。

秦淮区按照《关于印发〈南京市秦淮区人大、政协机构设置方案〉的通知》的规定，并立足实际和工作需要，设立办公室（研究室）和6个专门委员会。此外，全区12个街道设立了政协工作委员会，由街道党工委领导，接受区政协的工作引导。政协街道工委的设立是向基层延伸的一种工作方式。秦淮区街道政协工委以社区居民议事会、社区居民评议会为协商平台，开展基层协商民主工作。在基层协商民主工作开展的过程中，首先，要始终以坚持党的领导为前提。例如，瑞金新村社区开展的协商民主试点工作是由街道党工委领导，街道政协工委牵头，社区党委组织进行的。其次，要以维护民众利益为目标，协商内容应是民众十分关心和强烈反映的、事关社区内大多数居民切身利益的公共事项。社区居民通过民主协商会的平台，表达利益诉求，提出建议，最终使反映民意的协商政策能够有效地在民众中得以实施。再次，要以聚集民众智慧为基础和保障。在协商民主进程中，民主协商议事会通过的决议要坚持少数服从多数的原则，民主协商评议会达成的建议是决策形成的重要参考。

二、实践形式

党的十八大报告指出，要有效发挥人民政协作为协商民主重要载体的作用，落实开展专题协商、对口协商、界别协商、提案办理协商，从而为人民政协进行协商民主提供了理论依据。以下结合秦淮区政协的具体实践形式来进行详细阐述。

（一）专题协商

人民政协的专题协商是马克思主义理论与中国国情相结合而形成的新的协商民主实践形式，是发展和完善人民政协制度与我国社会主义民主政治制度的重要渠道。所谓专题协商，是“以会议为主要形式，其特点是：抓战略性问题；党政高层领导出席；形成对话和互动的机制；提出比较成熟的意见建议”①。

要保证专题协商的有效实施，首先要确定协商的主题。协商主题要在

① 郑万通：《以党的十八大精神为指导　加强社会主义协商民主制度和人民政协功能研究》，《中央社会主义学院学报》2012年第6期，第8页。

掌握党委政府工作重点的基础上，选择民众普遍关心、反映强烈的以及事关全区大局的事项。例如，2015 年 7 月，秦淮区政协围绕“全面强化侦查监督，建设法治秦淮”开展专题协商。其次，提供协商渠道。协商参与者围绕已确定的协商主题有目标有方向地进行视察、调研、发表建议。秦淮区政协为了保证侦查监督工作的深入开展，组织委员对区检察院案管中心进行视察、调研。在参与考察活动中，委员搜集的信息资料为其参加协商会议提出建议、发表意见提供了帮助。此外，为了确保全区的安全生产工作，2015 年 5 月，秦淮区政协社会法制委员会开展了对南京乐金熊猫电器有限公司和中石化三元巷加油站的调研。协商委员通过座谈会的方式，就存在的安全问题进行讨论，并提出相应的建议对策。再次，要确保协商政策的落实。协商委员通过政协年册，了解、熟知政协年度议题实施的细节和状况，从而为以后协商活动的开展提供经验和借鉴。

基层政协的专题协商对辖区内的政治经济发展、安全法制建设具有重要的推动作用，有利于和谐社会的构建。

（二）对口协商

对口协商是人民政协经过长期的实践探索，运用自身的人才优势，实现履职的重要协商民主形式。对口协商是相近或相同的部门开展协商活动，人民政协的对口协商从一定程度上来说，是政协专门委员会与同级政府部门、同级党委部门进行的协商。

开展人民政协对口协商，首先，能够促进政协与对口部门之间的沟通交流，从而实现了两者之间的有效结合。人民政协通过对口协商进一步参与到国家整体发展事务中，为深入有效地进行政治协商、民主监督、参政议政提供了渠道。与对口单位的沟通联系以及对政府党委工作状况的了解，使政协委员参政机会增多，参政能力提高。其次，能够提高部门工作质量。人民政协运用智力优势，为党政部门提供有效的建议、措施；发挥监督作用，使部门工作得以有效实施。再次，与人民群众的联系更为紧密。作为党与人民群众沟通的平台，政协委员向党政部门反映民众热切关心的问题，使党的群众路线得到更好的落实。

要保证对口协商的有效开展，首先，必须建立有效的对口协商工作制度，即同级党委制定政协专门委员会与党政相关部门对口联系的工作制度。政协专门委员会与党政相关部门通过参加会议、文件资料交流，增强相互间的联系。政府要督促监督对口协商工作的进展状况，并作为其考核下属部门的标准。协商制度的确立，为对口协商的开展提供了制度保障。其次，互邀参加活动，相互配合支持。政协专门委员会、政府部门进行视察调研活动时，各自邀请对方参与，征求对方建议，从而提高了协商民主工作的民主化程度。

（三）界别协商

界别协商是人民政协进行民主协商的有效实践方式，是增强人民政协自身建设的重要内容。由于人民政协的不断发展，人民政协界别的概念得以逐渐提出和确立。20 世纪 80 年代，“界别设置”的概念由中共中央提出。2004 年 3 月，全国政协十届二次会议通过的政协章程修正案，首次明确了人民政协的界别概念。2006 年 2 月，《中共中央关于加强人民政协工作的意见》首次提出要发挥界别在增强人民政协自身建设方面的作用。因此，人民政协界别概念的提出和确立过程表明，人民政协界别协商是政协组织历史上最为久远的一种民主协商实践形式。

界别是人民政协的基本组成要素，人民政协的界别是政协为进行协商活动，依据参与政协的各党派团体和各族各界的状况而设立的基本单位。所谓界别协商，是以界别为单位组织人民政协委员开展的各类协商建言、协调关系的履职活动。人民政协以界别为载体和依托，界别通过人民政协发挥作用、体现价值，因此人民政协与界别互为存在的依据，并相互发挥作用。首先，各界别广泛参与人民政协，不仅有利于政协工作的开展和职能的履行，而且有利于巩固扩大我国的爱国统一战线。其次，人民政协的各种性质通过界别得以充分表现。作为人民政协界别组成部分的各民主党派，由于其工作具体多样化，与所代表的民众沟通密切，从而为政协职能的履行提供了良好的基础。中国共产党领导的多党合作和政治协商制度因各民主党派职能的切实履行而得以巩固和完善。界别广纳社会各界人士，包含社会生活的各个领域，这种广泛的代表性和包容性反映了人民政协的爱国统一战线性质。

界别协商由于自身的特点能够在基层政治协商中发挥有效作用。首先，能够提出具有针对性和可操作性的方案、措施。因为人民政协的各界别人士是来自社会各界的精英，专业知识丰富。其次，能够有效推动人民政协事业的新发展，健全我国的民主协商制度。人民政协的人才智力优势的发挥，可以有效提高政协协商议政的水平。再次，有利于人民当家作主权利的实现和社会主义和谐社会的构建。我国的政治制度包括人民政治协商制度，界别协商作为人民政协的协商形式，畅通了利益表达渠道，缓解了人民之间的矛盾，进而促进了社会和谐。

（四）提案办理协商

与专题协商和对口协商相比，提案办理协商是具有中国历史传统特点的协商民主形式，是我国政协协商民主实践方式的重要组成部分。提案办理协商不仅是重要的协商实践形式，而且随着党的十八大的召开，提案办理协商的内容也得以丰富和发展。

首先，协商涵盖提案的每个阶段。提案的提出、立案交办、最终落实的每一步都进行民主协商，能够提高协商的民主程度，促进各种建议的提出，凝聚人民的智慧。其次，强调协商交流的重要性。在协商进程中，相互了解沟通有助于一致建议的达成，但却不是协商意见的最终达成。提案办理协商是协商参与者就有关提案做出的进一步介绍，就有关问题的深入研讨，总之，是通过对话交流逐渐达成一致建议的进程。再次，提案办理协商的参与者不断扩大。人民政协协商民主具有广泛的代表性，为使这种广泛代表性得到充分体现，提案办理协商不仅包括提案者和提案承办单位，而且包括关注提案、有助于提案解决的各个群体。根据现实状况，相关学者、专家、媒体、民众都可参加提案办理协商，提出具有针对性和实效性的建议。

在全面推进我国社会主义协商民主广泛多层制度化发展中，提案办理协商因其自身的特性而发挥着重要作用。首先，提案具有代表性。作为各党派团体、各族各界代表的政协参与者，在提案协商进程中，能够反映其所代表群体的建议，使少数人的诉求也有了表达的渠道，维护了他们的利益要求。其次，提案内容全面。政协参与者的协商包括政治、经济、文化、社会、生态等各个方面，涉及民众普遍关心的以及国家重大发展问题，从而为政策的形成提供了民意参考。再次，提案工作程序化。协商民主程序化的特点是提案办理协商要规范化、程序化。《关于进一步加强人民政协提案办理工作的意见》指出，提案办理协商制度要进行完善，从而推动了提案办理工作更好的落实。

三、实践程序

要确保基层政协协商民主的有效性，关键环节是保证协商程序的规范性。因此，基层政协在协商民主实践程序方面，既要全力贯彻执行上级党委、政协的要求，还要做到确定协商议题、协商参与人、协商议程以及协商决定的实施，从而保证协商活动的规范有序、高质高效。下面对南京市秦淮区政协在瑞金新村社区开展的协商民主试点工作进行分析，其实践程序如下。

（一）协商议题的提出与确定

在确定协商议题之前，首先要进行准备工作。瑞金新村社区按照社区党委通过的《关于瑞金新村社区实施“民主协商议事会”的工作方案》，成立了由社区党委书记指导的“民主协商议事会工作小组”，确立了工作实施步骤，并对工作小组成员开展专题培训，指导学习有关开展协商民主工作的文件精神。其次，要进行议题的征询。要提高民众参与社区“民主协商议事会”的积极性，征询的议题必然是群众普遍关心的、涉及群众切身利益的问题。最后，确定协商议题。例如，2014 年的一次瑞金新村社区“民主协商议事会”的议题为“瑞金路 36 号小区车辆管理”问题。瑞金新村社区车辆停放管理的矛盾十分突出，瑞金路 36 号小区是个老旧小区，有 70 栋楼、2700 多住户，私家车近 500 辆，因此出现停车位“僧多粥少”的现象。此外，由于瑞金路沿线没有公费停车场，周边办事单位或往来人员也把车辆停放在小区内，增加了小区的停车压力，所以许多社区居民对此进行了投诉。瑞金新村社区党委和居委会在征询多方意见后，把“瑞金路 36 号小区车辆管理”定为“民主协商议事会”的议题，并于 2014 年 11 月 27 日召开了“瑞金路 36 号小区车辆管理”民主协商议事会。总之，协商议题的提出，需要街道和社区征询民众的建议并结合工作需要而确定。

（二）协商会的参与人

社区“民主协商议事会”的组成人员主要包括：选聘的社区民主协商员，试点工作的街道领导小组成员，与议题相关的区、街职能部门负责人，以及社区内非民主协商员的区党代表、人大代表、政协委员。其中，民主协商员的选聘是关键。按照《关于瑞金新村社区实施“民主协商议事会”的工作方案》，首先要推荐社区民主协商员。社区“两委”依据民主协商员产生的范围，把社区内居民代表、人大代表、政协委员、各界别和各阶层代表人士、各社会组织负责人作为人选。其次，确定社区民主协商员。社区党委召开“两委”讨论会，通过举手表决的方式来确定民主协商员，最终有30名民主协商员参与议题协商。再次，召开动员会，颁发聘书。明确受聘的民主协商员职责，并进行相关培训。

（三）协商会的议程

社区党委书记主持召开民主协商议事会。第一，主持人向协商会的参与人报告协商议题及协商注意事项。《瑞金路36号小区车辆管理方案》由瑞金路36号小区的物管单位先达物业公司负责人进行了报告。第二，与会者就协商议题平等自由发言，提出建议。民主协商员对此方案进行了协商交流，就车辆驶入小区限速、夜间车辆乱按喇叭鸣号、拐角盲区安全设施装置、规范管理收费等提出建议措施。第三，主持人和区、街相关部门负责人，对民主协商员提出的有关问题进行现场解答，物业公司负责人也现场解答了一些问题。第四，作总结发言。主持人依据协商状况进行总结发言，达成结论性建议。“民主协商议事会”通过的决策性建议，应按照少数服从多数的原则，由民主协商员举手表决。协商员一致表决通过了《瑞金路36号小区车辆管理方案》。第五，结果通报。会后社区“两委”向社区居民通报了民主协商议事会的协商结果。第六，建立档案。社区应安排专人对“民主协商议事会”的全过程进行会议记录，且确保内容详细准确，会后由会议主持人审阅签字确认，最终形成完整的《基层协商民主档案》。

（四）协商决定的实施

“民主协商议事会”形成的决议，在街道党工委的领导下，由社区“两委”和相关部门组织实施。瑞金新村召开的民主协商议事会，围绕居民关心的问题进行协商，最终通过了《瑞金路36号小区车辆管理方案》，并在具体实施的过程中取得了很好的效果。

四、实践内容

我国基层政协协商民主的实践内容涉及政治、经济、文化、社会、生态等社会生活的各个方面。南京市秦淮区政协作为人民政协的有机构成部分，围绕建设“幸福新秦淮”，协商议题广泛：街道或社区在年初确立的重点项目和工作；民主评议社区“两委”工作；社区需要办理的公益事项；对社区发展有重大影响的问题；社区民众十分关心、急需处理解决的重大问题等。总之，其协商内容是涉及社区居民切身利益的重大事项和重要项目规划，以及在社区或者街道职能范围内无法解决而区委区政府能够解决的事项。

（一）经济方面

2015 年 3 月 20 日，秦淮区政协经济科技委员会对本区的国资监管国企的整合工作进行视察、调研。区国资办讲述了区属国企集团公司的发展状况，政协委员对此进行议论协商，并对做好国资监管国企整合工作提出建议措施。首先是依法进行。按照法律规范，制定监管方案，从而提高企业的运行力和效力。其次，维护职工利益。要真正做到对企业员工利益的维护，必须切实处理法人治理缺失、产权关系混乱的问题。再次，正确引导。区属企业规范引导老城区保护、保障房、科技创新、商务等集团的运作。此外，区政协经济科技委员会在 2015 年 6 月 24 日，对本区的招商引资工作进行了视察。通过对南京市创意设计中心、玫瑰里文化传播、铁塔股份、紫金普惠、国邦金服、国创园内的浪潮信息等企业的考察，政协委员对进一步开展招商引资工作提出了意见，建议通过加强服务，提高效率，以市场为平台，从而更好地招商引资。

区政协协商民主在经济发展方面的实践内容，能够为本区的经济发展提供合理有效的意见，进而推动本区的经济发展。

（二）文化方面

区委区政府对教育工作十分重视，教育部门从秦淮区教育发展的现实情况出发，提出了能够有效推动全区教育工作发展的计划，既“存量优先，增量高标”。区政协教卫文体（文史）委员会于 2015 年 4 月 20 日，对第五中学初中部和钓鱼台小学进行了考察。通过座谈和交流的方式，政协委员对区教育局教育均衡发展计划提出了改进措施。例如，针对钓鱼台小学周边的交通拥堵问题，委员会通过社情民意信息搜集、协商讨论的方式要求予以尽快解决。此外，2015 年 5 月 22 日，区政协教卫文体（文史）

委员会联合侨台民宗委员会对小西湖小学、马道街小学进行了视察。政协委员与区教育局就改善薄弱学校环境、实现优质教育资源均衡发展进行座谈讨论，协商的结果是通过提高认识、整合资源来提升教学质量。而对于薄弱学校周边环境治理问题，政协充分发挥自身优势，以提案办理、民意搜集、信息反馈的方式促进问题的有效处理，从而推动了区域教育事业的发展。

（三）社会方面

2015 年 4 月 1 日，区政协人口资源环境（城市建设）委员会对管理创新的试点小区，即大光路街道光大新寓小区和红花街道海鲸公寓小区进行了考察。在观看小区管理试点工作的图片和《深化老旧小区管理，推进小区自治创新》短片的基础上，政协委员与小区业主委员会进行沟通交流，认为“我居我管，民事民议”的主体原则是老旧小区管理创新工作的体现。同时提出，要进一步有效开展老旧小区管理工作，应建立小区管理创新的长效机制、合理规划运用小区停车设施、强化对业主委员会的监督，从而真正实现老旧小区管理工作的创新。2015 年 8 月 25 日，红花街道龙苑新寓社区召开民主协商议事会，把“龙堤路南端路面及龙苑四村围墙破损问题”作为议题进行协商。在听取民主协商员意见的基础上，民主协商议事会形成了决策性意见，即改造龙苑四村已有围墙，修补龙堤路南段路面，从而解决了居民关心的切身问题。

第七章　基层政协协商民主发展的困境与对策

党的十八大提出，要充分发挥人民政协作为协商民主的重要渠道作用，积极开展基层政协协商。因此，作为社会主义协商民主制度载体的基层政协要发挥自身在推进我国社会主义协商民主广泛多层制度化发展中的作用。然而，面对新形势、新任务以及经济、政治、文化和社会等各方面因素的影响和制约，基层政协组织在推进社会主义政治文明建设和社会主义全面发展等方面存在着一些问题，需要有针对性地采取措施，不断完善基层政协协商民主工作。

第一节　基层政协协商民主发展的困境

由于历史和现实的诸多原因，基层政协协商民主发展过程中存在的问题还比较多，有些是基层政协自身的因素造成的，有些则是受社会环境与条件的影响而形成的。本节拟从基层政协协商民主的主要参与者和制度与规范建设等层面展开分析。

一、基层政协委员履职意识与能力的不足

随着社会主义民主意识的不断增强，基层政协委员虽然在思想上对民主协商有所重视，对政治协商的认识也越来越深刻，但在意识上仍未形成根本改变，对基层政协协商地位的认识不足，使得协商主体的作用得不到充分发挥。此外，基层政协委员素质参差不齐，协商能力不足，基层政协

委员遴选机制不健全，也都进一步影响协商效果和协商决策的达成。

（一）对基层政协协商地位的认识不足

1. 对基层政协协商民主的地位认识不够

作为社会主义协商民主的开创者和探索者，人民政协推动了社会主义协商民主制度建设，然而要进一步促进社会主义协商民主广泛多层制度化发展，就必须充分发挥各级人民政协特别是基层政协的重要渠道作用，由此可见基层政协协商民主的地位。随着我国社会主义民主进程的不断推进，发展协商民主特别是基层政协协商民主逐渐受到各级党委政府和政协的重视，然而对于基层政协在协商民主建设中的地位和作用的认识却不够充分，致使“政协协商在党委决策之前、人大通过之前、政府实施之前”这一原则难以落实并发挥作用。

2. 对政协地位的认识存在偏差

基层政协具有政治协商、民主监督、参政议政的职能，却没有参与决策执行的权力。因此，许多基层政协委员认为政协是荣誉性的机构，而自身则是荣誉委员，从而造成主动帮助不够、参与意识不强、参与积极性不高的情况。其中部分基层政协委员思想消极，轻视自己的委员地位，参加基层政协会议时无故缺席。有的基层政协委员认为党委和政府拥有决策权，自己在民主协商中威信低，影响力不足，因而不发表建议、不提出诉求，最后成为“真空委员”。

（二）基层政协委员的主体作用未充分发挥

基层政协委员的主体作用得不到充分发挥，必然影响其履职水平和我国基层政协协商民主工作的推进。影响其主体作用发挥的因素包括：

1. 基层政协委员的兼职身份

在我国，兼职的基层政协委员占绝大多数，因而兼职委员要妥善处理履行本职工作职责与履行委员职责之间的关系。然而，由于兼职的委员没有兼职工作收入，其主要收入来源是本职工作，当本职工作与政协工作发生冲突时，他们都是在完成本职工作的前提下进而才履行政协委员的职责。特别是在所在单位担当骨干精英的委员及担任行政领导职务的委员，在完成本职工作的基础上，很难有时间和精力来履行政协委员职责。

2. 调查研究不深入，民意表达难反映

开展深入调查研究是确保建议切实有效的基础。然而在真正进行调研考察工作时，由于基层政协委员未能充分把党的方针政策以及地方基层的社会、经济、民生重大事项与调研考察相结合，以至于调研考察的内容缺乏方向性和民意性，考察进程流于形式，最终难以提出切合实际的建议，难以反映社情民意。所以，要体现民意，委员必须深入群众与基层，但是基层政协委员的兼职身份导致部分委员难以有时间到基层开展工作。即使有一些委员有时间和精力深入基层了解民情，但是由于担心得罪人，最终提出的建议往往也不具有实效性。

3. 对基层政协委员监督不力

基层政协委员是由组织性较低的各界别人士构成的，因而对他们的监督难以有效进行。此外，由于对基层政协委员的履职监督没有明确规定，所以只要不违反法律，他们的行为就不会受到强制性的约束。虽然基层政协采取了各种措施让政协委员们更好地履行职能，但对其职能履行的监督却不力，使其最终难以充分发挥协商主体的作用。

（三）基层政协委员素质参差不齐

政协委员作为我国政协协商民主的主体，自身能力素质的高低影响其协商主体作用的发挥和协商决策的达成。从国家层面来说，我国的政协委员具有人才智力优势，是来自于各行各业的精英，知识渊博。但是，在基层政协中，政协委员的能力素质却参差不齐。

由于基层政协委员来自不同岗位，知识结构、受教育程度不同，所以民主协商的能力也参差不齐。有的基层政协委员精通本领域本行业事务，然而在参与地方基层政协有关社会民生事务的协商时，由于不了解民情民意，更没有深入调研，所以提出的建议不具有可行性和实效性。有的基层政协委员立足于本职工作，难以抽出时间深入基层群众之中开展调查研究，加之了解社情民意的渠道不畅通，以至于其形成的提案内容空洞，缺少民意支持和事实支撑，提出的建议措施泛化、表象，难以实施。有的基层政协委员代表部门而不是代表界别进行政治协商，所提出的提案往往从维护部门利益出发，容易导致协商的性质发生变化，也难以形成一致的协商决策。此外，政协委员协商议政需要具有沟通表达、分析总结的能力，调查研究需要有实践操作、获取材料、归纳整理的能力。然而，在我国的基层政协中，由于政协委员的素质能力不平衡，导致一些调查研究无法深入开展，协商议政也不能有效进行。

（四）基层政协委员遴选机制不健全

协商邀请制是我国政协委员的产生机制，然而在推荐基层政协委员过程中仍然存在一些问题。

1. 基层政协委员的准入条件过于笼统

虽然政协章程规定，成为全国和地方的政协委员的条件是“应热爱祖国，拥护中国共产党的领导和社会主义事业，维护民族团结和国家统一，遵守宪法和法律”等，但是从中可以看出我国政协委员的准入条件缺少明确细化的要求，过于宏观泛化，过于原则。弹性较大的政协委员准入条件使一些有行业声望的人成为政协委员，而他们往往由于难以抽出时间履行委员职责，致使政协协商的水平降低。也有一些影响力低、素质不高的人成为政协委员，导致政协委员的能力素质参差不齐，从而影响了政协主体职能的履行及作用的发挥。

2. 基层政协委员产生过程的公开性不够

我国基层政协委员的产生过程，一般是各级党委的统战部门与各民主党派和无党派人士、各人民团体、社会各界及相关部门协商后形成推荐名单，最后由同级政协常务委员会审议确定。在此过程中，群众、社会各界还无法参与对基层政协委员的提名，而且被推荐人的意愿也未被考虑。所以，一些被选出的基层政协委员不能充分代表其所在界别的利益，因而很难得到认可。也有一些已当选的基层政协委员的协商议政水平低，导致其所代表的团体阶层的要求也难以被全面地表达出来。

3. 基层政协的参与程度较低

我国基层政协委员是从各有关部门协商形成的推荐名单中产生的，但是基层政协没有有效参与协商推荐。因此，从我国基层政协委员的产生过程可以看出，基层政协机关和政协党组织的参与介入比较晚，参与程度较低。然而，基层政协组织对政协委员的人选问题更能提出切实可行的建议，但现行的基层政协委员产生机制中难以发挥基层政协的重要作用。

4. 基层政协委员产生机制僵化

我国基层政协委员的产生机制是协商邀请制，而这种邀请机制却暴露了我国基层政协委员遴选机制中存在的问题，即过于形式化、被动化、单一化，影响了我国基层政协委员职能的履行和协商的效果。因此，在中国特色社会主义现代化建设新时期，基层政协的建设要进一步加强，基层政协委员的产生机制需有效完善，结构要有效优化，这样才能有效解决我国基层政协委员遴选机制存在的问题。

二、群众和相关部门的参与意识淡薄

尽管越来越多的群众参与到基层政协协商民主之中，但由于参与文化缺乏、公民素质低、参与渠道不畅通，所以从整体而言群众参与度低，缺乏参与主体意识，并最终影响群众对政协协商的信任度。此外，受“官本位”思想的驱使，党委政府的一些部门对基层政协工作的重要性认识不足，存在不重视政协工作和政协监督的现象，致使基层政协委员履职的积极性受挫，难以发挥应有的作用。

（一）群众自身协商民主意识淡薄

在我国基层政协协商民主实践的发展进程中，形成群众协商参与度低、参与意识不足这种状况的原因包括以下几个要素。

1. 协商参与文化缺乏

由于我国经历了长时期的封建社会，传统的社会意识形态被官僚思想、官本位思想、臣民思想所主导，致使参与型的公共性、平等性政治文化发展不足。这种不平等的公共政治文化造就了民众之间的不平等，从而影响了协商民主的平等对话。而“协商主体认识资源上的差异就会严重阻碍协商过程的平等，会造成他们在公共协商论坛上有效发挥能力上的不对称，进而也就动摇了协商民主平等对话协商的根基”①。因此，协商参与文化的缺乏导致基层民众的消极参与。

2. 基层民众素质较低

广泛性是我国协商民主的一个重要特性。为体现这一特性，部分地方基层政协在协商时不结合当地的实际情况，一味地激励更多的民众参与协商。然而往往是事与愿违，由于受知识结构、教育文化水平的限制，一些

① 张艳娥：《社会资本：化解协商民主理论困境的社会机制》，《中共四川省委党校学报》2008年第3期，第63页。

参与者提出的建议、措施不具有针对性、实效性；一些参与者不能代表所在界别的利益，仅从自身利益出发参与协商，从而导致基层政协协商民主的整体水平降低。

3. 协商参与主体意识不强

在我国的教育体系中，由于重视应试教育轻视人文教育，加上对协商民主工作认识不深，造成公民缺乏参与意识，因而基层政协通过的协商政策中许多不能很好地体现民意、为民服务，这就与“协商民主要求充分听取群众的意见，综合各种意见，合理、科学地做出决策”[①] 的初衷相违背。

4. 协商参与渠道不畅通

基层政协委员主要以会议为载体协商议政，这些会议包括政协全会、常委会议、主席会议、各专委会会议，专题议政会、委员座谈会等。然而，这种政府主导型的协商，限制了群众获取信息的渠道。此外，基层社区论坛、公民自治组织等很少被基层政协有效利用，也很少开展具体工作，从而使一些群众的利益表达渠道受阻。

（二）群众对基层政协协商不信任

1. 制度缺陷，认识异化

我国基层政协协商民主坚持党的领导，以党委政府为导向，以各界精英人士为代表，他们在民主协商中拥有实质性的话语权。然而，一般群众仅是形式化地参与协商，对协商决策的制定产生的影响极小。由于这种协商的群众性不足，不能充分代表群众的利益要求，因此，普通民众对基层政协协商不信任，参与力度低，影响了协商决策的民主性、公众性。此外，目前我国社会存在着各种各样的矛盾，在一些问题上、在个别地区，干群之间的关系还比较紧张，在这种背景下，人们对基层政协信任度低也就不难理解了。

2. 协商民主流于形式

从理论层面来说，普通公民以基层政协为载体就自身关切的、急需解决的、涉及切身利益的重大问题参与讨论，从而协商出对策。然而在具体实践之中，基层协商却往往流于形式。虽然民众可以通过听证会、座谈会

① 刘魏文：《推进基层协商民主的思考》，《学理论》2016 年第 1 期，第 51 页。

等形式参与协商，但是在召开听证会时部分群众的意见却没有得到尊重，以至于在协商过程中民众参与讨论的热情不高，难以发挥应有的作用。正是由于协商民主的形式化，群众对其认可度低、参与度低，进而影响我国基层政协协商民主的有序向前发展。

（三）相关部门对政协工作区别对待，难以切实有效协商

1. 对基层政协工作不重视

在我国一些地方的基层政协中，由于政协委员提出的建议措施不被党委和政府重视，调研考察活动党委和政府也不积极配合，导致基层政协委员履行职能的积极性不高。即使党委政府听取其意见参与考察，但也仅流于形式。例如，在提案办理中对于政协委员提出的建议，有的承办单位采取消极的态度，认为政协委员仅仅是一种荣誉，没有实权难以发挥作用，所以往往造成提案不被重视或出现被搁置的情况。此外，提案办理的质量较低。在提案提交之后，政协机关对提案办理的进展状况、落实反馈情况很难进行监督。有的提案承办单位不止一个部门，因此容易造成办事效率低且出现互相推诿的情况；有的提案承办单位虽能及时答复，但对问题的解决却没有提出有针对性、实效性的措施。因此造成基层政协委员履职的积极性不高，难以切实有效地发挥自身的主体作用。

2. 对基层政协监督不重视

有的部门领导认为政协监督会对其工作产生约束而不利于工作的开展，因而觉得没有监督的必要。虽然一些文件规定要加强政协的民主监督，但这仅仅是制度层面上的规定，在实际工作中，难以督查提案承办单位对委员建议的落实情况。此外，部分单位领导由于民主监督意识不强，不尊重政协监督，因而挫伤了委员的履职积极性。正是由于对基层政协监督的不重视，所以在地方政府部门与基层政协之间有的虽然已经建立了对口协商制度，但极少与基层政协有关委员会共同参与会议、讨论工作状况，对于基层政协的主动协商也是采取消极态度，区别对待。

3. 相关部门的“官本位”思想严重

在我国的政治体制中，由于受“官本位”思想的影响，政府具有相当的权威性和集权性，在社会中占主导地位。然而，在基层政协协商工作中，这种“不平等”的思想使政府与政协、公民的协商不能平等地进行，

政协、公民处于被动消极的地位，参与协商的实质作用不能得到有效发挥。此外，政府部门的这种“官本位”思想，还会促使其有意规避协商程序，单独决策。政府部门的一些工作本需要与基层政协、公民进行民主协商才能开展，然而政府在制定工作规则时没有把民主协商列入其中，即“政治协商纳入决策程序”这一原则没有落实到工作之中。所以，对政治协商程序的规避导致政府部门往往独揽大权，单独决定工作事项，使得基层协商的公开性、民主性成为空谈。

4. 相关部门的协商具有随意性

在我国一些地方的基层政协协商民主实践中，由于当地的党委政府对协商民主的认识不足，协商随意性较强，致使部分地方党政部门依自身的意愿和时间来进行协商，且只把政协的参与看作是程序化的需要，是在自身的决策确定之后的协商，这样就会导致协商民主流于形式。即便政协就人民群众普遍关心的涉及人民群众切身利益的问题提出具有针对性、实效性的建议措施，也难以被一些党政部门所采纳。

三、立法保障不足，制度建设滞后

为使基层政协充分有效地进行民主协商，必须要有法律做保障，必须以法律为支撑。虽然我国对此有相应的法律规定，但却缺乏具体性、针对性、操作性的细则。正是由于协商内容的不确定、操作规则的不细化，使得协商主、客体的随意性大，协商的民主性难以保证。此外，基层政协协商民主的程序化也是确保基层政协协商实效的必要条件。然而，我国基层政协协商民主的程序化建设滞后，难以促进民主协商的规范有序进行，致使协商民主在一定程度上流于形式。

（一）履职法律依据不充分，协商内容缺乏针对性

对人民政协的政治协商、民主监督和参政议政的职能，无论是《宪法》《政协章程》，还是中央和地方出台的文件都对其做出了规定，然而这些规定却缺乏实际的法律效力。宪法对人民政协职能履行的规定无论从国家层面还是地方层面都缺乏具体化、精细化，存在法律缺失的情况。国家立法机关没有通过法律对政协职能尤其是民主监督、参政议政职能做出明确规定，因而政协的职能作用难以有效发挥。由于国家层面法律的缺乏，

导致地方立法机关难以制定相应的具体法规来推动政协职能的履行。《政协章程》规定政协的主要职能是政治协商、民主监督、参政议政，然而作为一种规章制度，它不具有法律效力。虽然中央和地方发布相应的文件对政协履职进行规定，但缺乏具有针对性的、可操作性的实施细则。按照《政协章程》以及中央文件的精神，地方各级党委虽通过了有关文件来推动政协工作，但在实践中却没有可依据的具体操作标准。因此，政协的履职缺乏法律依据，特别是民主监督职能的履行，无论从形式还是从内容上，尚都无法可依。

关于人民政协的协商内容，《政协章程》《中共中央关于加强人民政协工作的意见》规定，包括重大方针、重要法规、重要部署、重大问题等。党的十八大报告指出，协商内容是涉及人民群众切身利益的有关社会经济发展的重点难点问题。然而，这种重大问题、重要问题的提法比较泛化、原则化、引导化，缺乏具体执行的标准。而这种原则化的规定，使得在具体的实践中缺乏细化的实施准则；引导化的规定又缺乏刚性制约，如规定要人民政协充分发挥协商民主的作用，但对于怎样发挥其作用以及未发挥其作用怎样处理没有规定。

在地方基层政协中，虽然对协商内容做了规定，但是由于未结合地方实际，仅从整体上来制定有关协商民主的规则，所以缺乏具有可操作性的细则。因此，政协委员开展协商工作时，由于协商内容的不明确，协商缺乏针对性，因而难以提出有效的建议措施。协商内容的缺乏还体现为制度性规定的缺失。随着我国基层协商民主实践活动的不断开展，协商范围的不断扩大，与之相应的有关协商的必要性、方式、程序却没有做出具体的规定，因而导致协商不充分、不民主。除政协履职的法律依据不充分、协商内容不具有针对性之外，政协委员自身的权利也难以得到保障。《中共中央关于加强人民政协工作的意见》规定："要尊重和依法保护政协委员的各项民主权利，为他们发挥作用提供方便。"然而，这种规定同样缺乏具体性、操作性。

（二）基层政协协商民主程序化建设不完善

程序规范是保证基层政协协商民主有效进行的基础。然而，在协商民主进程中，我国基层政协的程序建设滞后，主要表现为以下几方面。

1. 基层政协协商流程不具体

基层政协在开展协商民主时，对于协商运用的方式、协商时间的确定、协商人员的参与没有可供参考的标准，“很多协商都是临时动议，协商内容、时间也很难确定。重大事项更多的时候都是事后通报代替事前协商”①，因而不利于协商民主工作的进行。

2. 基层政协协商方式僵化

虽然目前我国基本形成了多层次协商格局，即政协全委会整体协商、主席会议重点协商、常委会议专题协商、专委会对口协商、提案办理个案协商，然而有的地方基层政协协商形式仅是通报、开会、听取意见，协商方式呆板。随着社会信息化水平的不断提高，以及人民民主协商意识的不断增强，要不断创新协商形式，构建基层政协协商民主平台，畅通协商渠道。

3. 基层政协协商公开性低

在一些地方，协商民主活动形式比较呆板、协商的开放度不高，参与的人主要还是社会精英人士，少有基层民众参与，也较难反映基层民众的真正诉求和意愿，从而影响了人民政协的主体性表达，也必然影响到基层民众对人民政协协商民主的认识。

4. 基层政协协商范围局限化

除全委会外，大部分委员没有机会参与基层政协开展的调研考察活动。常委会开展的协商活动比较形式化，内容陈旧。专委会在界别内和一定范围内开展对口协商及界别协商，致使部分委员难以参与其中。联络组根据考核需要才开展协商活动。由此可见，协商范围的局限化，致使协商活动不能获取更有效的建议措施，协商质量降低，协商决策难以有效落实。

5. 基层政协协商成果难落实

政协协商民主的关键在于使其提出的建议对策和协商成果得以有效落实。然而，由于对协商成果的落实缺乏具体性、约束性的规定，使得基层

① 转引自张祝平、郑晓丽：《人民政协在协商民主中的主体功能研究》，《宁夏大学学报》（人文社会科学版）2014 年第 3 期，第 86 页。

政协的协商决策难以有效落实。除缺乏制度性规定外，督办反馈机制、责任追究机制也不健全。一些政府部门对基层政协提出的提案，重视答复而轻视落实；更有一些基层政协委员本身也是单位负责人，由此造成提案人和承办人归为一体的现象，致使提案的落实无法进行，政协的协商意见没有发挥实质作用。

第二节　完善基层政协协商民主的对策思路

我国的基层政协协商民主是社会主义协商民主的重要组成部分。由于立足地方经济社会发展，直接面向基层人民群众，因而基层政协协商民主能够有效发挥自身的优势和作用，营造良好的协商氛围，反映社情民意，推进决策的科学化和民主化。虽然我国基层政协在推进协商民主进程中取得了一定的实践成效，但是仍然存在一些问题。在全面建成小康社会和深化改革开放的新形势下，这些问题不利于协商民主在我国基层政协的实践和发展。因此，本节针对存在的问题，提出积极的对策，以便更好地促进我国基层政协协商民主的发展与完善。

一、充分发挥基层政协委员的主体作用

理论学习和理论研究工作的开展，可以为基层政协委员的实践活动提供理论基础，进而提高政协委员的协商意识。然而，不仅要在理论上增强基层政协委员的协商意识，还需要通过调查研究来提高政协委员的履职能力，从而确保政协委员在实践中的主体作用得以发挥。此外，要使基层政协委员的协商能力得到提高，必须进一步完善基层政协委员的遴选机制，进而促进基层政协委员队伍建设，增强基层的整体协商能力。

（一）强化基层政协委员的理论学习

基层政协要进一步学习贯彻中共十八大、十八届三中全会、十八届四中全会、十九大以及习近平总书记系列重要讲话精神，明确掌握新时期人民政协工作的原则、方针、要求，增强基层政协委员和机关干部对政协协商民主地位和原则的了解，充分认识我国的社会主义协商民主与人民政协

的协商民主之间的关系，以及人民政协特别是基层政协在推动我国社会主义协商民主广泛多层制度化发展中的作用，从而提高基层政协民主工作的水平。此外，必须坚持“三在前、三在先”的政治协商机制，即协商在党委决策之前、人大通过之前、政府实施之前[①]。协商原则的确立，促使基层党委政府支持和配合基层政协的协商民主工作，并为其提供保障，从而有利于决策的科学化、民主化。

要更好地加强理论学习，基层政协可以根据自身实际情况举办学习报告、讲座活动。据此，基层政协可积极邀请本地区政府主要领导开展有关全地区经济社会发展方面的学习报告会；邀请知名专家学者举办1～2场有关科学、时政方面的专题学习报告会；组织各专门委员会、各界别、机关等多层次的学习，从而为有效开展工作打下良好的基础。在加强理论学习的基础上，还要注重理论研究工作的开展，基层政协理论研究工作要以政协理论研究室为依托，这种方式不仅加强了协商主体在理论方面的协商意识，而且为协商主体真正参与协商实践提供了理论依据。

（二）提高基层政协委员的协商能力

1. 加强培训，提高基层政协委员的履职能力

以秦淮区为例，区委宣传部每年联合区政府相关部门邀请各领域的知名专家为政协委员进行专题讲座，从而开拓基层政协委员的视野。例如，就“四个全面——引领民族复兴战略布局”课题邀请了相关干部学院的学者进行专题讲座，进而深化基层政协委员对此问题的认识，为其开展工作提供便利。通过专题讲座等各种形式的培训，使基层政协委员在进行有关问题的协商时，能够获得具有参考性的建议。

2. 创新履职载体，拓宽履职平台

如秦淮区基层政协委员在完成民生工作站工作的基础上，创新建立了基层政协委员爱心基金履职平台。通过这一履职平台，基层政协委员可以多做惠及民生的工作来帮助困难群众，这样有利于政协委员获得民心以及人民群众对其工作的支持。

---

① 郑立：《切实把政治协商纳入决策程序》，《重庆社会主义学院学报》2009年第6期，第37页。

3. 深入开展调查研究，提高协商有效性

要积极组织基层政协委员开展调查、调研和考察活动，以提高委员参与协商的广度和深度，增强委员建议的针对性和可操作性。所以，基层政协应就民众普遍关心的、热切希望解决的诸如老旧小区停车管理、薄弱学校改造、安全生产、公共化服务等问题组织委员视察，通过调研考察能够提出具有时效性、针对性的建议措施。此外，基层政协应围绕经济社会发展问题，如国企改革、民生保障、居民住房等进行调研，形成的调研成果可为相关工作的开展提供参考和依据，最终有利于问题的有效解决。

（三）加强基层政协委员队伍建设

着力加强基层政协委员队伍建设，树立委员履职新形象，能够提高委员履职的水平和质量，从而获得基层人民群众的支持和认可。

1. 拓宽基层政协委员知情明政的渠道

要使委员切实履职协商，必须让委员知情明政，这样才能增强委员履职的针对性和实效性。例如，为使政协委员深化对基层的认识，秦淮区委区政府的领导向政协委员阐述了在经济社会发展和民生改善等方面的工作，以及在促进转型升级、坚持提质增效等方面的工作开展情况。同时，区委区政府领导还就学习贯彻区委全体（扩大）会议精神向基层政协委员做专题辅导报告。通过深入了解学习，提升了基层政协委员的自身素质和履职能力。

2. 扩大委员参与度，提高委员建言水平

要提高基层政协委员民主协商、参政议政的积极性主动性，可以增强委员在社区工作站、民生工作站、政协委员爱心基金、信访接待、行风评议、听证会等活动中的参与度。此外，政协委员要以调研、视察、会议为履职载体，通过社情民意征询会、街道政情通报会、联系社区、联谊活动、专题座谈会等活动形式，深入了解社情、区情、民情，从而在参与经济社会发展重点工作以及社区民政事务中，进一步提高建言的水平。

3. 加强委员间交流，维护委员基本权益

为了加强委员之间的沟通交流，丰富委员的文化生活，基层政协可以举办书画摄影协会和委员联谊会等活动。同时，坚持请进来与走出去相结合的方针，积极沟通联系各界人士，开展对外交往活动。此外，要通过定期走访和约谈的方式，听取基层政协委员的建议措施，帮助委员解决其在工作生活中遇到的问题和困难，从而为维护委员权益提供切实保障。

（四）完善基层政协委员的遴选机制

1. 细化基层政协委员的遴选条件

我国基层政协在参照《政协章程》有关政协委员的遴选条件时，要联系当地实际情况，制定委员当选的详细条件。支持政协工作，拥护政协事业是基层政协委员遴选的必要条件。作为由界别构成的组织，政协委员只有在界别内拥有广泛代表性才能代表界别整体利益，从而为其服务。所以，代表界别协商议政的政协委员要具有一定的群众基础，这样提出的建议才能获得认可并产生一定的社会影响力。协商议政是政协委员的职能之一，委员要切实发挥协商主体的作用，必然要具有较高的协商议政能力。基层政协委员遴选条件的细化，使当选委员的整体素质得以提高，有利于职责的切实履行。

2. 增强委员产生过程的公开性、透明性

在基层政协委员遴选过程中，要通过事先通知、民意调研等方式，确保基层群众、社会各界参与到委员的提名工作中，使委员遴选工作能够与群众广泛联系，从而获得更多的民意支持。此外，要尊重被推荐人的意愿，这样被推荐出来的政协委员才能积极有效地进行协商议政，履行委员职责。

3. 加大基层政协介入力度

在基层政协委员产生进程中，基层政协参与程度低导致基层政协委员素质低。因此，基层政协要提高在委员产生工作中的参与程度，充分发挥政协党组的带头作用。基层政协党组带头作用的有效发挥是在了解政协委员遴选各阶段工作的基础上，做好各项准备工作，积极参与协商，进行协调监督。

4. 建立基层政协委员惩处机制

基层政协委员中有的委员因忙于本职工作不能履行委员职责，有的委员因自身能力素质低，不能有效协商议政，这就需要有相应的处理规定。对不履行或不能正常履行职责的委员，政协党组应与党委有关部门进行沟通，按政协章程和有关规定，及时予以调整[①]。这种规定得到了政协委员及人民群众的支持，同时表现出政协委员工作需要制度化管理。因此，基层政协对委员的调整和惩处可参照相关规定，并结合基层实际进行具体设置。

二、积极探索基层政协协商民主向社会延伸的渠道

基层政协要加强与群众的沟通交流，积极促进民生改善，使群众参与意识增强，参与度提高。在群众参与过程中，要以政协组织为载体，然而我国的基层政协组织却不健全，因此在实践中要建立街道政协工委，以拓宽协商民主向基层延伸的渠道。在拓宽协商渠道的基础上，要构建协商平台，使相关部门积极主动参与协商，进而提高协商质量。

（一）促进民生工作，增强协商交流

针对基层政协协商民主中群众参与意识淡薄、参与力度低的问题，政协应把促进和改善民生工作作为出发点和落脚点，从而提高群众的参与力度，增强群众对政协协商的信任度。因此，基层政协要开展以下民生工作，促进协商交流。

1. 积极关注反映民生问题

为了更好地反映民意、了解民情、关注民生，基层政协要大力开展调研视察活动，以提出具有针对性、实效性的建议措施，从而有力地促进民生的改善。同时，基层政协可就民众普遍关心的问题，如交通秩序整治、居民区医疗网点设置等，积极传送社情民意信息，从而使政协服务更加具体化、民众化。

2. 督促办理解决民生问题

基层政协要使人民群众最关心、最直接、最现实的利益问题得到切实解决，可以采取党政领导阅批的方式，以及政协主席、副主席带头督办，各专门委员会分工督办，提案者参与督办等形式，组织委员对群众热切关心的问题，如办理住房保障、医疗卫生、教育、社会救助、权益维护等进

① 徐祖荣：《政协委员遴选机制的创新设计》，《上海市社会主义学院学报》2011 年第 5 期，第 15 页。

行调研视察，并就督促办理提出有效的建议，以引起相关部门的重视，从而使涉及群众切身利益的问题得以有效解决。

3. 帮扶困难群众改善民生状况

在开展民生工作的过程中，基层政协要以民生工作站、政协委员爱心基金为平台，积极接待人民群众来访，加强与人民群众的沟通交流，协商解决群众反映的问题。对于贫困家庭，可以通过政协委员爱心基金为其筹集资金、捐资助学等方式，帮助困难群众渡过难关。此外，基层政协还可以通过召开座谈会的方式，听取政协委员的建议，促进各种民生问题得以落实解决。

（二）设立街道政协工委，健全基层政协组织

我国政协机关的组成人员来自于不同界别，是以界别为单位的，然而在街道设立政协组织却缺乏依据。所以，很多地方仍没有基层政协组织，政协协商难以在基层开展。基层政协组织的不健全，使得协商民主难以发挥有效作用。基层的民主协商由于没有政协这一渠道作为载体，所以存在着协商质量不高、协商落实不力、难以监督反馈、基层民众的意愿难以满足、利益难以实现等问题。因此，要积极拓宽协商民主向基层延伸的渠道，需健全基层政协组织。

1. 明确街道政协工委的组织设置

根据在街道设立政协工作委员会的要求，街道政协工委已普遍建立。街道政协工委是在街道党工委的直接领导下，依靠广大政协委员来开展各项工作，推进政协工作向基层延伸。然而，当前街道政协工委的组织架构却尚未明确，影响着街道政协工作的开展。因此，要更好地发挥街道政协委员指导社区开展基层协商活动的作用，就要设置专职的政协工委主任领导职务，配齐配强具体工作人员，专门负责街道政协工委的日常工作。

2. 开展协商民主在基层的试点工作

为推进政协协商民主工作向基层延伸，基层政协应选择试点街道，开展协商民主在基层的试点工作。试点工作要由街道党工委领导，街道政协工委牵头，社区党委组织实施。基层政协要通过协商民主试点工作的开展，增强群众的协商意识，使其主动参与协商进程，最终协商解决民众事务，从而为协商民主在基层的开展奠定群众基础。

（三）构建协商平台，积极主动协商

针对当前一些基层党委政府部门协商程序不明确、对政协工作重视不够、对口协商随意性大等问题，基层政协要通过构建协商平台，使党政部门积极参与协商，从而解决群众关切的热点问题。

1. 构建决策协商平台

为推动决策协商的民主化、科学化，秦淮区委区政府应依照“三在前，三在先”的标准，征求区政协相关领导、委员的建议，并结合基层实际确定工作开展方向，将民主协商纳入决策程序。每年召开区委全会、区政府全体扩大会议时，邀请基层政协领导对区委区政府工作报告进行审议，并对全区经济社会发展提出建议；区委区政府全体领导及法检两院出席基层政协召开的会议，并参与讨论，听取委员建议；区委区政府及两院相关部门领导出席政协主席会议、常委会议，围绕议题展开协商。

2. 构建对口联系平台

为使党政部门能够积极主动参与基层政协协商，因此要建立政府部门和政协专委会之间的对口联系制度，即各部门与政协对口专委会每年初确定年度重点工作，由部门定期向专委会通报工作情况，接受委员监督，对委员提出的意见建议，由部门主要负责同志牵头认真研究、严格整改，并将落实情况及时向政协反馈。例如，在“十三五”规划编制过程中，秦淮区规划编制工作领导小组和各专项规划的牵头部门始终与基层政协加强沟通与联系，对于规划涉及的重大调研课题及专项规划，反复征求基层政协委员的意见和建议，进而保证了基层政协协商民主得以真正贯彻落实。

三、大力推进基层政协协商民主的法制化与程序化

为确保我国基层政协协商民主工作的有效开展，必须从立法层面为其提供有效保障，维护政协委员的权益，提高政协履职的效率。此外，还需要规范提案办理程序，结合基层实际，选定协商议题。在协商议题确定的基础上，要采用多种协商方法，构建多层次协商格局，进而根据协商方法和协商督办反馈机制促进协商成果的转化。

（一）完善基层政协协商民主的立法工作

要使基层政协履行职能的行为具有合法性，必然要从法律的层面对政

协的协商民主进行保障。虽然相关规定明确指出“把政治协商纳入决策程策”，强调对重大问题的协商要做到“三在前”，即协商在党委决策之前、人大通过之前、政府实施之前。然而，这种规定并不属于法律层面。因此，国家立法机关应通过法律的形式确定协商的职能，从而使职能的履行有法律依据。地方各级立法机关要结合当地实际情况，制定具体有效的法规、条例，制定有关政府支持参与基层政协工作的法规，以及有关党委指导、推进政协工作的规章制度。此外，党委制定的文件对于政协职能的履行、政协工作的推进发挥着重要作用。所以，党在制定有关推进政协工作的文件时，应更具体化、细致化、可操作化，从而使基层政协履职的保障进一步稳固。对于政协委员自身的权益权利保障问题，应制定《政协委员法》来确定委员的权利和义务，为委员更好地履行职能创造条件。

（二）科学选定协商议题，规范议题办理程序

协商议题的选定影响政协协商的水平和质量。因此，基层政协要结合当地的实际情况，选择党委政府十分重视的、人民群众普遍关心的、政协力所能及的协商议题。以秦淮区为例，协商议题的科学选定需要基层政协于每年年初，通过与区委、“一府两院”之间联席会议的召开，依据区委、区政府及政协党组提出的建议，拟定重点协商议题，经联席会议讨论通过后，纳入年度协商计划；政协通过联席会议及时通报全年常委会、主席会的议题安排，主动征求意见，有计划有目标地安排政协协商工作，从而使政协协商与区委区政府工作同向同步。为使选定的协商议题得以有效落实，需要明确规范协商议题的提案办理程序。

一是调研选题。围绕基层的经济社会发展热点难点问题，以在全会前向全体政协委员印发提案征集函和参考要目、举行党派团体提案工作座谈会、征集党派界别集体提案、组织委员视察全区重点建设项目等方式进行调研，从而提出高质量提案。

二是审查立案。邀请区政府办公室参与每年区政协大会提案组提案审查，以及协商立案工作，认真听取其意见，经民主协商，及时通知提案未通过的提案者。

三是确定交办。通过“一府两院”与区政协在联席会议上的沟通交流，商讨承办单位和办理方式。在取得共识的基础上，联合“四办”（区党委、政府、人大、政协办公室）召开全区政协建议、提案交办会，确定提案办理工作的目标、时限和任务，确保提案办理对口、落实有效。

四是督促办理。通过提案办理系统适时跟踪协商督办、政协提案委员会与政府办联合开展提案集中督办月、邀请分管区长批阅并牵头领办重点提案等形式，提高提案的办理率。

五是成果转化。通过区政府常委会听取区政府年度提案办理工作情况通报，加强提案办理成果转化。把切实可行的意见运用到党政部门的工作中，从而实现协商成果的有效转化。

四、努力构建基层政协协商民主的多层次协商格局

党的十八大报告指出，基层政协在具体实践工作中要解放思想、开拓创新，不断丰富协商民主的新形式，搭建协商民主的新平台，从而提升协商民主的新实效。然而，我国基层人民政协的协商民主工作还存在方式不灵活、协商格局层次低等现象，难以达到应有的协商实效。为此，基层政协要在提升全委会议整体协商、主席会议重点协商、常委会议专题协商、专委会会议对口协商质量的基础上，认真有效地组织界别协商，不断强化提案办理协商，积极探索开展基层协商，构建多层次协商格局，从而提升基层政协协商民主的实效。

（一）精心组织整体协商

全委会议整体协商是基层政协协商民主体系的基础。在秦淮区，基层政协以全委会议为主要形式，召开与区政府联席会议，商讨年度会议议题及调研课题，从而全面深入了解区委区政府的中心工作。在基层政协全会上，通过小组讨论、面对面交流等方式，就“一府两院”工作报告和经济社会发展重点问题，组织委员与有关党政领导和相关职能部门负责人进行交流讨论，协商献策，进而推动基层政协协商民主工作的有效开展。

（二）高度重视专题协商

常委会专题协商要坚持求精、求深的原则，选取党政迫切需要解决、群众热切关心、政协力所能及的问题作为协商议题。协商前，组织委员深入调查研究，确保协商意见更加真实客观；协商中，与政府相关领导及部门负责人进行面对面商讨，推动问题有效解决；协商后，就诸如社

会化服务、民生实事目标落实情况等问题形成专题报告，为基层党政部门的决策提供参考依据。基层政协在借鉴全国政协双周座谈会的基础上，应探索创新季度协商议政会的形式，保证基层政协委员的建议得到重视和采纳。

（三）着力实施对口协商

基层政协各专门委员会应依据职能对应、业务相关的原则，围绕基层社会热点难点问题，通过领导点题、专门委员会立题、对口部门出题、委员群众提题的方式，与各相关职能部门进行对口联系，确保与党政工作同向同频。例如，就群众关心的餐饮示范街污染控制工作、律师服务业发展问题等，就需要基层政协人口资源环境委员会、社区法制委员会与相应对口的职能部门进行沟通联系，这样才能提高对口协商的有效性和针对性。

（四）认真搞好界别协商

要发挥委员界别作用，体现委员界别特色，基层政协应以课题组、研究会、界别委员会专家组、界别活动组等为载体，探索建立政协委员向所在界别述职制度，促进界别活动的规范化、制度化建设。基层政协要按照规定要求，以界别活动组等载体为依托，围绕本界别所关心的问题积极开展协商，同时积极组织跨界别调研视察，密切与相关界别的联系，实现优势互补。

（五）有效运用提案办理协商

要强化提案办理协商，需要不断创新提案工作。基层政协应积极创新提案公开机制和提案委员小组评价机制，确保提案对基层群众公开，接受群众的批评，力促提案的落实。通过组织协调，大力开展提案跟踪督办活动，确保基层政协领导重点督办提案的有效进行，提高提案办成率。此外，要以网络为平台进行沟通，推进提案工作信息化建设，促进基层政协提案工作的有效进行。

（六）积极开展基层协商

基层政协协商要以与基层密切相关的问题为主题，积极推行协商民主在基层的试点工作。引导和鼓励广大人民群众和社区自治组织通过民主协商议事会的形式，参与社区事务的管理、监督、决策。民主协商议事会这种协商方式是在吸收先行试点经验的基础上，结合基层社区自身的特点而形成的民主协商方式。基层社区以民主协商议事会为平台，能够有效解决群众所关心的、涉及群众重大利益的问题。

五、切实提高基层政协协商民主成果的实效

协商成果只有被纳入党委政府的决策和执行之中，才能发挥其实效。因此，基层政协要促使协商成果的有效转化，必须建立协商督办反馈机制。

（一）设立协商督办机制，推进协商民主实效

所谓督办机制，即党委、政府、政协共同进行监督办理的机制。基层政协协商监督工作的重要内容之一是建立提案督办机制。基层政协要通过走访的方式对承办单位进行督促，与党委政府共同督办重点提案，推进相关工作的落实，促使提案尽快办理。加强提案监督力度，也需基层政协在提案中提出建议措施、办理中督促落实、办理后跟踪反馈，最终确保协商实效。除建立提案监督机制外，协商督办工作的有效开展还要建立民生督办机制。基层政协委员在教育实践活动中，要参与意见征集、监督整改等活动，并在相关职能部门、窗口单位派出特邀监督员，积极参加行风政风评议活动，改善机关作风，提升工作水平。在基层试点工作中，除派出特邀监督员外，要推进部门单位的承诺有效落实，基层政协工作推进组要协助试点街道社区积极跟踪督办。然而，对于区级层面不能解决的问题，基层区政协要与市相关部门进行协商，比如，就交通指示灯问题与市交通管理局进行协商，地段路面沉降问题与市政建设工程处进行协商并取得其支持，才能力促问题的有效解决。

（二）建立协商反馈机制，有效转化协商成果

党委政府及其相关部门对基层政协建议的反馈状况，影响着协商实效。因此，应建立并完善基层政协协商反馈机制，特别是社情民意信息反馈机制，即建立完善的社情民意信息的报送、阅批、解决和反馈机制。在秦淮区，对于区政协编发的《社情民意信息》，均要报送区委区政府全体领导，其中民意涉及本区的相关问题的，区委区政府分管领导要在第一时间进行审批，指定工作部门和落实责任人来解决问题，并将结果反馈给区

政协，保证协商实效。对于基层政府力所不能及的社情民意信息，区相关领导要争取市相关部门的支持，积极推进协商问题的解决。基层政协协商督办反馈机制的建立，关键在于协商成果的转化。首先，协商成果要通过意见建议转化。基层政协要围绕群众关心的社会热点难点问题进行协商，提出意见建议，并通过专报《社情民意信息》等渠道报送区委区政府，为其提供决策依据。其次，协商结果要通过调研报告转化。基层政协就涉及群众切身利益的问题进行调查研究，形成调研报告，为党政决策提供参考和依据，推进基层政协协商民主实践的不断发展。

第八章　秦淮区政协协商民主实践的案例分析

近年来，南京市秦淮区政协在推进基层协商民主建设方面做了许多有益的探索，也取得了许多值得总结的经验。本书课题组围绕“基层政协在协商民主广泛多层制度化发展中的作用”这一主题，对秦淮区政协开展基层协商民主的实践创新工作进行了为期两个多月的调查研究，通过调查问卷、互动访谈、实地观摩等多种形式展开跟踪研究，取得了丰富的第一手资料。现就本次调研的基本情况和相关问题做一些探讨。

第一节　秦淮区政协推进基层协商民主的背景和动因

秦淮区地处南京主城东南，是南京市 4 个主城区之一。2013 年，国务院正式批复关于调整南京市部分行政区划的请示，同意撤销秦淮区、白下区，设立新的秦淮区。新秦淮区的区域面积 49.11 平方公里，常住人口达 103.2 万人。随着区划调整和行政管辖规模的扩大，社区在城市管理中的作用越来越重要，承担的职能越来越繁重。而在现有的行政层级中，社区是基层群众自治组织，人员编制和财政资金非常有限，社区的事权与财权明显不匹配，致使大量的基层矛盾和群众利益维护问题不断积累。同时，由于城市化建设步伐的加快，城市化进程中不可避免的负面效应也在不断显现，人口聚集带来的交通拥堵、资源紧张以及环境污染等问题日益严重，加之人们利益诉求的多样和公共服务的滞后，一定程度上放大了基层社区的管理困境，导致基层治理出现危机。

一、城市化快速推进带来的发展难题

城市化是现代化的基本特征。在我国社会主义现代化的建设过程中，城市化的发展被置于现代化的优先位置。这既是接纳农村剩余劳动力转移的必经步骤，也是国家走向现代化的必然趋势。中国由于传统农业社会的基础雄厚，城市化发展长期以来并不充分。改革开放以来，伴随着现代化步伐的加快，城市化的发展也处于加速期。与我国现代化的进程相适应，中国城市化的发展也主要依靠行政推动的方式实现快速增长，市场化进程整体上滞后于城市化进程。就总体特征来说，我国的城市化快速发展并不具有城市发展固有的自然演进过程，更多的是受到人的主观意识特别是主政官员个人意识的影响较大。

一般而言，城市化的过程实质上是生产要素集聚、资源优化配置的过程，聚集效益和规模效益是城市化推进的内在动力。只有发挥市场在资源配置中的决定性作用，才能保证与城市化相关的人口、土地、资本等经济要素的合理流动，优化配置城乡资源，充分发挥城市的集聚效应和规模效应。显然，我国行政主导推动的城市化模式缺乏资源合理配置的内在调节机制，容易造成城市化发展道路的偏差，也使得城市发展中难免会产生很多复杂难题。例如，城市发展的规划和基础设施建设的滞后，以及由此带来的城中村问题、流动人口问题、交通拥堵问题、停车难问题及环境污染等问题，这些问题的存在都严重影响着城市功能的发挥和社会的和谐稳定。秦淮区的洪武路、瑞金路、红花三个街道的试点社区都不同程度地存在许多急切需要解决的类似的棘手问题，如城市化发展中大量企业搬迁、外来人口聚集、大批公共基础设施和商业配套设施需要兴建等，这些都涉及群众的切身利益，也受到当地群众的普遍关注。

二、政府主导的城市治理模式面临挑战

城市快速发展带来的问题，在某种程度上是快速发展必须付出的代价，是必然会出现的阶段性问题，但更为根本的是如何有效缓解和寻找解决的出路。长期以来，受政府主导的城市治理体制的影响，人口迁移与就

业、城市功能定位、城市规模甚至城市之间的联系都是由政府决定，那么，顺理成章地城市管理的职责也必须由政府来负责和承担。如此情况下，政府包揽了城市管理的全部职能。一方面，随着城市化进程的快速推进和对服务管理需求的快速增长，城市政府普遍存在着部门设置不匹配、人员编制不完善、财政投入不合理、服务管理资源配置不均衡等问题，导致公共服务不够细致、服务标准偏低、管理工作不太到位、对社会和行业的监管存在着一些漏洞和空白、服务管理资源局部过密和局部匮乏等现象并存，以及资源重复浪费和资源极度缺乏同时出现。由此可见，政府主导的城市治理模式已经显得力不从心，政府提供的管理服务已经难以很好地满足广大市民及社会各界快速增长的服务管理需求。另一方面，政府主打的城市服务管理工作由于缺乏对民众需求的准确把握，缺乏社会公众的参与，做了很多“中看不中用”的事情，而很多市民急需且影响城市长远发展的问题并未得到解决，导致一些市民对政府部门存在着“用不上、用不着、没有用”等看法，而对于市政基础设施建设，一些市民的关心和维护也不够，甚至有些地方还出现故意破坏市政基础设施的现象。长此以往，积累出许多矛盾和问题，造成部分地区干群关系紧张甚至对立。因此，社会管理模式由政府管控型向社会协同型转变，政府不再是唯一的权力和权威来源，其部分职能逐步由大量非政府、非营利组织等第三部门承担，正是对当前治理主体多元化趋势的一种积极回应，也是国家与社会关系嬗变与重塑的必然要求。在此背景下，地方政府如何创新社会管理体制，有效吸纳和包容社会力量参与治理的诉求，成为当前社会能否良性运转的关键。

三、协商民主实践为基层社会治理模式转型提供补救机会

党的十八大报告首次明确提出“健全社会主义协商民主制度”，强调“充分发挥人民政协作为协商民主重要渠道作用”。习近平总书记在庆祝人民政协成立65周年大会上的讲话中，特别对基层政协“大力发展基层协商民主，重点在基层群众中开展协商”，做了全面系统的精辟论述和战略部署，指出“人民群众是社会主义协商民主的重点”。之所以做出这种判断，是因为涉及人民群众利益的大量决策和工作主要发生在基层，围绕这

些决策和工作的协商也应主要在基层开展。在协商民主朝着广泛多层制度化的发展目标迈进的过程中，基层协商民主制度化处于优先选择的地位，也是重点所在。制度设计在顶层，实践落实靠基层。基层政协处在基层协商民主的第一线，在推进协商民主制度建设中应当也必将发挥积极作用。

《中共中央关于加强社会主义协商民主建设的意见》（以下简称《意见》）出台后，如何贯彻落实好《意见》精神，充分发挥人民政协作为协商民主重要渠道和专门机构的作用，围绕团结和民主两大主题，务实履行政协职能，推动协商民主广泛多层制度化发展，成为各级政协组织探索和实践的重要课题。近年来，全国各地在不断探索以广大基层民众为主体的基层民主协商形式与制度（如浙江温岭的恳谈会制度、河北邯郸的社会各界人士恳谈会制度等），各地丰富多样的生动实践为基层协商民主的推进提供了思路启示和实践参照。但各地情况千差万别，协商实践也各具特色，并不具备有效的复制模板。在这种情况下，南京市秦淮区政协主动发挥职能优势，以“共建幸福秦淮”为主题，选择洪武路、瑞金路、红花三个街道，试点开展“协商民主在基层”工作，广泛发动社区群众和社会组织参与社区治理，对社区公共事务和公益事业进行民主协商，积极探索创新基层社会治理的新思路、新方法，主动破解基层社会治理面临的新难题，取得了积极的建设性成效。

第二节　秦淮区政协开展基层协商民主的主要措施

2014 年，秦淮区政协依据南京市政协关于开展“协商民主在基层”试点工作的要求，制定了《关于开展协商民主在基层试点工作的实施意见》（以下简称《试点意见》）。以瑞金路街道为例，街道政协工委根据区政协《试点意见》，具体制定了《关于在瑞金新村社区开展协商民主试点工作的实施意见》（以下简称《实施意见》），并指导瑞金新村社区党委在民主协商形式上采取具有决策功能的“民主协商议事会”方式实施社区协商民主工作。虽然瑞金新村社区过去也曾出现过一些具有协商性质的机构，例如社区听证会、社区议事会等，但这些并不是真正意义上的协商民主，充其量也只是征求民意的一种方式。“民主协商议事会”的组织形式确立后，为使协商民主能够有效运转，提高协商民主的实际效应，《实施意见》着重从以下几方面进行了创新。

一、成立推进协商民主的领导机构

依据《实施意见》，街道成立协商民主试点工作领导小组，街道政协工委主任任组长，街道党工委副书记、街道办事处副主任、街道政协工委副主任任副组长，领导小组成员包括：街道党政综合部正科级副主任、街道经济发展部正科级副主任、街道市民服务中心正科级副主任、街道社会管理部正科级副主任、街道城市管理部正科级副主任、瑞金新村社区党委书记、街道党政综合部副科级副主任。领导小组下设办公室，街道政协工委副主任兼任办公室主任。领导小组办公室具体负责瑞金新村社区协商民主试点工作中的相关工作。

二、积极审慎地确定协商议题

协商议题的选择和确定是协商民主价值体现的首要前提，好的议题确定以后，协商民主的成效就几乎实现了一半。为此，秦淮区政协要求，“民主协商议事会”的协商议题由街道和社区居民共同协商提出。这种做法既可以避免街道的主张脱离社区居民的实际需要，成为“花架子”的面子工程，又能将社区居民生活中面临的急切需要解决的公共问题列入社区的议事日程。同时，议题的确定事先得到居民的广泛参与和支持，使得协商议题的解决变得简单，不会带来连环套式的问题，即一个问题的解决并没有使问题数量减少，反而引发新的问题。社区居民提出的通过协商议事会要解决的问题是小区车辆管理问题，考虑到这个问题涉及主体较多，很有可能一次议事会不能完全解决，组织者并不急于达成共识，而是为多次召开议事会做了充分准备。

三、精心设计协商议事会的运作程序

在程序设计上，政协街道工委着重考虑这样几个问题：首先是议事会参加人员的代表性，这个代表性不仅要表现在本社区户籍人口中具有不同社会地位人群的分布，而且还要体现生活在本社区的外来人口以及其他人员的分布问题。也就是说，参加人员中不仅有本社区不同群体的代表，还要有社区外人员的代表。以本书课题组参加的社区“民主协商议事会”为例，根据社区“民主协商议事会”的工作方案要求，首先由社区党委按程序推荐讨论后选聘了40名民主协商员，协商员包含了社区内的人大代表、政协委员、社会组织负责人、各界别、各阶层代表人士、居民代表等群体，社区为受聘的民主协商员颁发聘书，并组织协商专题培训。其次是尽可能确保协商议事会的参加人员都有同等的发言机会且发言不受干扰，政协街道工委为此设计了主持人制度、平等讨论制度和信息充分披露制度。由于主持人在整个程序中的关键作用，对主持人的要求也特别严格：一是主持人自身在社区居民中必须具有一定的权威，受到居民的认可；二是主持人必须具备较强的组织能力和现场讨论掌控能力，能保证协商的顺利进行；三是主持人必须具有相当高的文化水平，对协商议题和各方意见能够正确领会和传导。对主持人提出这样的要求和条件，一方面可以使现场讨论有序有效持续进行；另一方面又可确保主持人在讨论中没有过多偏好倾向，使得每个参加人员都有机会发表看法，并得到同样的尊重。在瑞金路街道的“民主协商议事会”中，政协街道工委邀请街道党组织书记为主持人，主持人只参加大会总结，不发表自己的观点。整个协商讨论过程中，实现发言和讨论随时进行，尽可能不受权力和其他因素的干扰，即平等讨论制度。特别值得一提的是在议事会召开之前，政协街道工委确保每个参加人员尽可能多地掌握将要讨论的议题内容以及相应的背景资料，从而减少了信息不对称问题对会议过程的干扰。

四、多举推动协商成果的落实

协商议事会形成的建议最终能否得到有效的落实，变成实际行动，化为促进解决群众身边事情的良方，这不仅关系到协商议事会自身的权威性和可持续性发展，更关系到通过协商民主解决基层问题特别是群众关心问题的大战略是否可信和有效。因此，如何高效地、不打折扣地落实好协商成果，展现出协商成效，就成为政协发挥协商民主重要渠道的关键要素。为此，秦淮区政协在组织“民主协商议事会”的全过程中都由社区安排专人进行会议记录，会议结束后经会议参加者和会议主持人审阅签字确认，形成“民主协商议事会”的决议，交给街道党工委，再由街道党工委组织协调相关责任部门和社区“两委”组织实施。为保证协商成果能够如期高质量落实，区政协通过自身的组织优势，将相关议题通过主席列席区委常委会议、分管副主席列席区政府相关常务会议的便利，通晓和询问协商议题的落实情况。这既为基层落实协商方案增加压力和督促环节，又能对那些基层难以独立解决的问题积极寻求帮助和支持，通过与其他部门的协调，为协商成果的落实提供便利。同时，政协成立协商工作推进组，积极跟进，主动介入，适时督促，确保协商决议有效落实。

第三节　秦淮区政协协商民主的成果与特色

基层协商是社会主义协商民主的重要形式，也是协商民主价值体现的最直接方式。通过基层协商民主的发展，化解涉及群众切身利益的矛盾和问题，凝聚和激发群众的创造热情，增加群众的幸福指数，是中国特色社会主义民主的重要优势。为推进协商民主向基层延伸，秦淮区政协主动发挥职能优势，选择洪武路、瑞金路、红花三个街道，试点开展“协商民主在基层”工作，逐渐探索出一套开展基层协商民主的新机制。

一、突出政协优势，发挥人民政协的协商功能

作为我国政治生活中发扬社会主义民主的重要形式以及协商民主的重要渠道，人民政协是各党派团体和各族各界人士发扬民主、参与国是、团结合作的重要平台，具有话语权、影响力等不可替代的组织优势。为充分发挥政协的组织优势，秦淮区政协在各街道设置政协街道工委，负责牵头落实基层协商的开展工作。政协组织的延伸，既赋予了政协在基层协商中的主体地位，又能为充分利用政协的组织、资源优势提供平台，对于基层协商的有效开展提供了一个持续有效的制度保障。

二、围绕民生保障，着力加强群众利益保护

加强民生保障，维护群众利益是秦淮区政协开展基层协商的一个显著

特点。区政协推进基层协商，主要围绕群众普遍关注和反映强烈的、关系多数群众利益的重要公共事务或公益事业项目展开。这些问题由于长时间没有能够得到有效和满意的解决，严重影响到群众的生活状态和社会和谐，也对当地的政府形象和党群关系带来负面效应。为使群众利益得到维护，必须真实倾听群众的心声和要求，让群众把隐藏在内心深处的真实想法和利益诉求表达出来。为此，在开展基层民主协商时，组织者主动引导参与者畅所欲言，各抒己见，充分表达自己的意见和诉求，并通过相互的争论甚至争锋，尽量吸纳各方的合理意见，商以求同、协以成事，逐渐形成各方都认可和接受的可行性建议。

三、体现民主特色，尊重和保护群众的主体地位

协商民主的核心和本质是民主，没有民主的协商只能是形式主义的空谈，最终也不可能持久和取得成效。为保证基层协商的民主特色，真正调动基层群众参与协商的积极性，体现人民当家作主，区政协在组织基层协商的过程中，高度重视体现民主特色，全过程贯彻民主议事精神，真正体现社会主义国家“有事好商量”的传统。在协商议题的选定、协商成员的组成和产生、协商程序的设定和运作等方面都充分体现了民主精神，注重营造协商讨论的民主氛围，广泛吸纳人民群众的建议和意见，时刻体现群众是协商的主体。在协商议事过程中，决策性的议事会形成的决定要充分考虑各方群众意见，经过深入交流和沟通，得到大多数群众的认可并尽可能照顾到少数人的利益，同时通过理性疏导和程序公正取得少数人的理解；对于参考性的评事会，则应完全原汁原味地体现参与者的本意，让各方的意见和要求原原本本地呈现出来，并让各方意见在多重互动中趋于理性和共识，以作为决策的重要依据。

四、强化成果运用，体现协商民主的优势

协商成果的运用既是协商程序的终端，更是协商民主成效评价的关键。为保证经过民主协商议事会产生的决议能够高质高效地落实，秦淮区政协从一开始就考虑到要确保协商成果的落实，避免陷入“清谈”，在《实施意见》中，即从指导思想、领导小组、协商原则、协商内容、协商

程序等各方面都体现出“成果运用至上”的理念。其中，“领导小组”在政协牵头的前提下，包含了街道、社区的党政领导和相关部门负责同志，这样既能让他们真切听到群众的声音，又能让他们置身事中，使群众反映的问题的解决成为他们的本职工作；“协商内容”在广泛征求意见、多方展开调查的基础上，既考虑群众的迫切需要，又根据当地的实际情况，结合社区的重点任务和承受能力，纳入社区的工作安排；“协商程序”中既充分考虑到协商成果最终落实的条件，又照顾到群众的实际感受，相互取得理解和支持，最终形成可行的协商成果。同时，为保证“最后一公里”的问题得到足够重视，区政协专门成立协商工作推进组，积极跟进，适时督促，确保协商成果的真正落地。

第四节　秦淮区政协协商民主所面临的难题

秦淮区的“民主协商议事会”作为协商民主在社区治理中的实践与探索，对当地政府决策的优化和民主政治的发展起到了良好的推动作用，其价值与成效已得到初步检验和认可。但要形成一整套广泛多层次的基层协商民主制度，使之成为推进基层民主治理的有效载体和平台，还有不少问题需要解决。

一、领导作风如何实现根本转变的问题

在基层做协商民主工作，首先要得到与之相关的领导的有力支持。尽管秦淮区开展的基层协商民主试点工作得到了市、区两级政府的高度重视，尤其是得到了秦淮区政协的强有力支持，但是由于强大的体制惯性和领导思维，个别领导对协商民主的做法并不感兴趣。他们一方面觉得搞协商民主非常烦琐，要做很多工作，还不如现成的做法省事，因此有一种多一事不如少一事的想法和态度；另一方面，他们觉得没有必要让重大事项通过如此烦琐的程序去讨论和决策。由此可见，一些基层领导更多的是习惯于那种直接命令的做法，不习惯于协商和问计于民，更没有看到或者不愿看到这种方法的长远效用。

二、"民主协商议事会"如何定位的问题

作为"民主协商议事会"的牵头组织机构，政协街道工委只是政协组织延伸的一种尝试，其职能和运行都还处于调试阶段。不同社会地位和阶层的人有着不同的行动能力。社区干部由于经常参加各种会议，见识各种场面，对政策又比较了解，所以他们往往比其他人具有更强的表达、应变和掌控能力，如果他们在场，通常会主导议事会的讨论。相对来说，行动能力最弱的还是没有见过太多世面、长期在相对封闭环境中工作和生活的居民，他们往往不善于言语表达，分析和比较能力也差一些；与之相似的是一些外来人口（或新居民），他们有些人从没有参加过这样的活动，或怯于发表看法，或没有任何想法。而社区领导在会议上则会根据自己的兴趣对不同参会人员的发言给出不同的反映：对有的人的发言，他们做出很详细的回应和说明；对有的人的发言，则没有做出任何回应和说明。这在一定程度上违背了协商民主中的平等对待原则，特别是在相关议题的回应上，社区干部不应有这种不平等对待的态度和做法。

同时，"民主协商议事会"的组成成员中，人大代表、政协委员所占比例过大。一方面，这些人员以及专家学者代表能否站在整个社区利益角度对协商议题行使投票权，令人生疑。另一方面，在普通群众协商员所占比例不足且与"政治精英"相比缺乏一定的信息获取和表达能力的情况下，难以保证在"意见领袖"的魅力和权威形象下，做出符合自身所代表的利益相关者利益的决定。

三、基层政协协商的公共理性如何获得的问题

由人民政协组织牵头基层协商可以广泛代表民意，彰显人民民主。但从一些基层政协的实践来看，人民政协协商民主往往变成"虚功""软活"，因为没有标准，没有考核，无压力亦无动力，这些都直接影响到协商民主实践的活力与效力。更值得注意的是，还有一些基层政协组织存在"怕"的思想，怕多事、怕要权、怕越位、怕得罪人，心存顾忌，畏首畏尾。同时，政协不是决策机构，而是一个民意表达机构，它本身不具备利

益分配和利益整合的能力。此外，从政协委员产生的操作程序来看，一定程度上存在着协商推荐与实际需求之间脱节的现象，加之如前文所述，许多政协委员都属于兼职且多以服务业为主，这些都在不同程度上影响到政协在协商民主中的主体性地位和功能，更影响到政协协商民主的质量与生命力。

长期以来，基层政协民主协商都是以党委政府为主导，以政治协商为主题的参政议政形式。政协往往为各界精英所“支配”，普通公民乃至一般界别组织难以有效发挥作用。作为基层政协民主协商重要参与者的政府部门多少还存在“官僚自主性”现象，即为了追求部门利益和掩盖公共决策的不足，倾向于以政府为主导的“象征式协商”。在基层政协就公共事务进行民主协商、民主决策、监督问责时，政府就有可能为了其自身利益，为了单纯的目的（如 GDP 增速、个人政绩）而忽视其他公共目的，从而造成协商“失效”，致使基层政协公共性不足，一般民众或组织对其认可程度低，导致认识上的异化。而且作为基层政协民主协商的另一重要方面，各种界别或者社群组织还存在着发育不全、政治性官方性色彩浓厚、独立性不够的问题，从而导致“组织化社会”难以建立，以致许多人对基层政协的合法性及权威性产生质疑和不信任。

四、协商员参与议事的动力如何维持的问题

在制度设计上，“民主协商议事会”虽然有决策的权力，但是哪些算重大公共决策，哪些问题要提交其讨论，谁来评判咨询意见是否应该被采纳，都视具体情况而定，政协只是起到督办的作用，还缺乏硬性的制度规定。在现实的协商活动中，协商与决策之间存在脱节和非连续性的状况，协商对决策的影响依然不够。同时，协商员虽然有任期的规定，但是对于协商员是否按时参加议事会、会上能否积极建言献策都没有具体的硬性规定，也缺乏劝退机制。组成政协组织的个体即政协委员都是兼职的，日常都有自己的工作，在这种情况下，就可能存在部分政协委员只挂虚名的情况，平常不花时间做调查，提案建议没有针对性，参政议政能力自然也无从谈起。此外，协商员的产生还没有自下而上的推荐机制，议事会的召开与否，协商员也没有相应的动议权力，这样很容易出现领导喜欢就多议

事、领导不热心就少议事的状况。这样不仅起不到推动决策科学化、民主化的作用，而且在一定程度上削弱了“民主协商议事会”的公信力，也会对协商员议事积极性产生不利影响。

五、协商意见办理的督促考核机制如何加强的问题

协商议事会达成的结果和共识是否会在生活实践中得到有效贯彻？这个问题是协商议事会本身解决不了的。协商民主是一个具有发展性、动态性和多样性的实践过程，其有效实施需要有一套程序来规范运行。但长期以来，由于各种主客观因素的影响，在人民政协协商民主实践中一直存在重实体、轻程序和重形式、轻操作等倾向，因此容易导致人民政协协商民主的随意性。

此外，在一些基层政协组织的协商民主实践中，还是把协商民主框定在政协内部，政协在协商民主中的主体地位并不能在实践中形成，更缺乏程序的体现和保障。过去，很多协商都是临时动议，协商内容、时间也很难确定，重大事项更多的时候都是事后通报代替事前协商，一些地方的协商民主活动形式比较呆板、协商的开放度不高，参与的人主要还是社会精英，少有基层民众参与，也较难反映基层民众的真正诉求和意愿，从而影响了人民政协的主体性表达，也必然影响基层民众对人民政协协商民主的认知。如何重塑政协在基层协商中的形象，进一步明确、细化和规范对协商意见办理督促、考核机制，切实避免“重部署，轻落实”及“自说自话，自娱自乐”的尴尬，是需要在实践中加强的重要方面。

第五节　完善秦淮区政协“民主协商议事会”的建议

协商议事会作为新型基层治理机制的有效尝试，对于发展我国基层民主建设、破解基层治理难题、维护基层群众根本权益有着积极的探索意义。为进一步发挥好人民政协作为协商民主重要渠道和专门协商机构的作用，拟针对此项工作的完善和推广提出几点建议。

一、各级党组织要充分发挥好领导和协调作用

基层党组织在基层协商民主中的领导作用只能强化，不能削弱。党组织要发挥好领导作用，以确保协商坚持正确的政治方向。当然，领导不是控制，而是引导和激发。引导政府更好地理解社会公众的需求，引导基层居民树立集体观念和妥协意识，将社会活力和基层创造力激发出来。在这个过程中，要正确认识和处理加强党的领导与按政协章程独立负责、协调一致的履行职能的关系，把握党委政府的主导性与政协自身主动性的有机统一。

一般来看，协商民主与政治领导是有区别的，人民政协要在党领导下开展工作，但并不意味着协商民主过程中政协不能与党委进行协商。在人民政协协商民主中，政协作为主体，协商民主是一种形式或载体，在这样一个协商平台或载体上，政协与党委、人大、政府应当是平等的，这也是协商民主的基本要求；也只有这样，才能真正体现人民政协在协商民主中的主体功能，进而提升人民政协协商民主的质量和水平。为此，横向上，基层党组织作为具体的组织实施者，要自觉地把协商民主贯穿于基层公共事务管理全过程，坚持有事多协商、遇事多协商、做事多协商，引领全社会形成理性、包容、平和的社会心态和崇尚协商的民主氛围；要积极争取上级党工委的重视与支持，确保协商在党的领导下有序、可持续地开展；要切实保障基层民众的知情权、参与权、表达权和监督权，充分发挥“两代表、一委员”、驻基层单位、社会组织和居民代表的主体作用，引导协商参与者通过既定规则来陈述想法，使各方在规则的约束下理性地协商交流，并最终达成共识。纵向上，上级党委政府应给予制度空间和财政支持，在试点的基础上逐步推广。总之，要采取有效措施优化基层治理结构，理顺党政关系，调整党群关系，使各权力主体都能在基层治理中寻找到发挥作用的位置和空间。

二、进一步优化协商员组成结构和具体协商程序

任何制度机制最终要靠人来落实，提升新型基层治理机制的最终水平直接取决于落实者的能力素质。其中，协商员所要提供的，不仅仅是知识

和利益诉求，更需要考虑弱势群体的需要。这就要求成员构成必须考虑不同的利益立场，尽可能使受决策影响的利益各方都能有代表，通过知识和利益的相互制约来平衡各方意见。

首先，应该把提高协商成员的思想认识作为加强协商议事会工作宣传教育的重要内容。利用议事会例会、工作培训会等集体性会议，组织议事会成员学习基层治理的相关知识，引导大家交流学习的所感、所想，用正确的思想导向帮助议事会成员强化民主意识、参与意识和责任意识，积极主动地想事、议事。

其次，完善议事会成员的考评办法，建立议事会成员民主评议制度，把每个议事会成员的工作情况如实记录，纳入年度民主评议范围，接受社区居民的监督和考评。通过民主评议，将议事会成员工作置于群众监督之下，促使议事会成员主动议事。同时，还应该注重表彰奖励，在“区—街道—社区”三级开展“优秀协商议事会”和“优秀协商议事会成员”等评选表彰活动，树立先进典型，并利用电视台、网络等形式广泛宣传报道，为推进新型基层治理机制树立榜样，在社区和广大协商议事会成员中，营造出良好的氛围，引领议事会成员以更加饱满的热情、更加务实的作风，投入到议事会的工作中来。

再次，优化具体协商过程也十分必要。没有一个相对公平合理的协商程序，难以保证协商结果的科学和公正。要从制度方面进行设计或者通过技术手段，对那些裹挟个人或群体意见的不恰当建议进行屏蔽。同时，发挥媒体监督和网络作用，建立更广泛吸纳民意的渠道。要注意到协商议事会最终形成结果是通过举手表决的方式，为杜绝和减少“人情票”或者“从众票”的出现，应以无记名投票的方式代替，以保证最终的协商结果客观、准确地反映社情民意，也有利于决策的推行实施。

三、充分利用政协自身优势，发挥界别特色

人民政协开展协商民主的方式可以多样化，而注重发挥人民政协的自身优势是工作重点。党的十八大报告明确提出，要深入进行专题协商、对口协商、界别协商、提案办理协商等多种协商方式。这些协商方式既为发挥协商民主的作用准备了条件，也为体现人民政协的协商优势提供了便

利。为此，人民政协可以以专委会为依托，发挥政协智力、组织、制度方面的优势，扎实开展界别与党委政府及其部门间的协商。首先，通过界别协商，扩大公民有序政治参与，汇集各界别的智力资源，为党委政府决策提供高层次、跨学科、多方面的咨询论证；其次，合理地科学地进行界别设置与调整，使得更多成熟的新社会阶层、团体及时纳入人民政协的政治组织中。再次，要注意发挥界别在联系各界群众中的桥梁和纽带作用，协调各方关系，努力营造安定有序的社会环境。此外，还可以根据各地的实际情况，开辟协商新渠道，创新协商方式，做到充分关注各方的利益诉求，进行多层次、多方位、经常性的协商沟通，以期达成广泛的社会共识与团结。

四、加快顶层设计，推进协商民主广泛多层制度化发展

良好的协商制度环境对于民主决策的影响是决定性的，可以提升民众对于政府和基层协商的责任感，增加基层居民积极参与的热情，有利于民主决策的有效实现。前文提到由政协街道工委承担基层协商民主的牵头组织角色，确实是对落实《中共中央关于加强社会主义协商民主建设的意见》（以下简称《意见》）精神，发挥人民政协作为协商民主重要渠道和专门机构作用的一次有益和大胆的探索，也值得进一步推广和完善。但政协街道工委组织设定的临时性和尚未明确其领导设置问题，亟待解决。

因此，从全市层面上看，需进一步明确街道政协工委的组织构架，设置专职的政协工委主任领导职数，配齐配强具体工作人员，明确其具体职能权限，专门负责街道政协工委的日常工作，以充分发挥街道政协委员作用，更好地指导社区开展基层协商活动。基层协商民主的顺利推广和开展，需要中央的顶层设计和基层的积极探索，更需要中层的制度创制，为此市里根据中央《意见》精神，应尽快研究制定具体实施方法，并加强对协商民主建设贯彻落实情况的监督检查。同时，结合基层协商在南京的具体实践和存在的问题，尽快研究制定加强基层协商民主建设的指导意见和实施办法，明确各级党委、政府、政协组织在推动基层协商民主建设中的地位和作用，建立市、区、街三级协调联动机制，推动协商成果落地，切

实解决目前基层协商民主工作中存在的缺乏统一领导、部门权责交叉、要求不尽相同等突出问题，着力构建上下衔接、科学规范、有效运行的基层协商民主制度体系。

五、积极推进人民政协法制化建设

“民主与法制是现代社会的两大基石。民主是法制的基础，法制是民主的保障，两者密不可分。法治国家是以完善的民主作为基础，民主完善的基本前提就是民主的法制化。”① 从目前情况来看，我国的法制体系已日趋完善，相关政治主体都有了相应的法律制度予以保护，例如人民代表大会和人民代表大会系列法律、少数民族和少数民族权益保护系列法律、工会和工会法、妇联和妇女权益保护法等，但关于人民政协组织的法律却长期缺失。一直以来，人民政协的协商民主活动主要还是依照党的政策文件和人民政协章程来开展的，因缺乏法律依据的支撑，其协商活动及协商结果也就没有足够的约束力。很多时候，人民政协的职权、协商民主的开展状况及其主体功能的实现程度需要取决于党政领导的意志与作风。因此，积极开展对人民政协法制化问题的探索与研究，推进人民政协协商民主的法制化进程，实现从法律层面对人民政协的主体身份予以确认，对其主体性地位和功能予以明确和保障，这是当前需要有所突破的重要课题。具体而言，可以考虑从以下几方面加强人民政协的法律地位及其协商民主的法律体系建设：

一是要进一步确立人民政协的宪法地位，为协商民主提供根本保障。人民代表大会制度与政治协商制度是我国政治体系中两项最重要的制度。人民代表大会制度是我国根本的政治制度，宪法条款中涉及这一制度的就有50余条之多，而人民政协制度作为我国一项基本的政治制度，现行宪法仅在序言中做了简要概述，具体条款则几乎没有涉及。从完善政治制度体系本身以及推进协商民主的角度来讲，在宪法中将人民政协与党委、政府、人大和司法机关等权力部门的关系做出科学的安排和明确的规定是非

① 张祝平：《人民政协在协商民主中的主体功能研究》，引自陈家刚主编：《协商与协商民主》，中央文献出版社2015年版，第207页。

常有必要的。或者说，只有明确人民政协的宪法地位，将其性质、地位、职能、义务、功能等写入宪法的主体部分，才能更加有效地保障人民政协协商民主活动的有效性。

二是研究制定政协组织法，为人民政协组织的有效运行提供法律保障。1949 年 9 月 27 日，中国人民政治协商会议第一届全体会议通过了《中国人民政治协商会议组织法》。这是一部专为政协会议组织以及管理而诞生的法则，在特殊历史时期为加强人民政协特殊地位和特殊功能发挥了积极作用，在推进和规范全国及地方人民政协建设中体现了其历史意义。但在 1954 年全国人民代表大会召开之后，《中国人民政治协商会议组织法》改为了《中国人民政治协商会议章程》，人民政协的各项工作自此也就缺少了严格意义上的法律依据。随着经济社会改革的推进，人民政协与经济社会发展中方方面面的关系愈加密切和复杂。人民政协章程作为一种根本性和总体性的规章制度，其中规定的多是原则性的内容，虽经多次修改，但与人民政协工作的现实需要仍有不适应之处。所以，结合人民政协协商民主的发展及人民政协主体性功能的实施，重新研究制定政协组织法，应当成为人民政协法制化建设的重要内容。

三是要推进人民政协协商民主程序的法制化，为协商主体的有序参与提供法律依据。协商民主程序不规范是人民政协协商民主实践中经常会遇到的问题，其中比较有代表性的问题包括：主体不明确，人民政协与谁协商，或谁与谁协商；是政协内部的“自言自语”，还是政协与党委、人大、政府协商；协商的议题由谁来提出，谁来确定；协商形式如何规范；协商决议如何形成；协商结果如何实施等，这些问题都缺乏明确的规定。从基层人民政协协商民主的实践经验来看，如果没有与协商民主程序相关的法律规定，这种协商民主就容易流于形式，人民政协在协商民主中的主体功能也就不容易实现。此外，人民政协协商民主的有效性及其主体功能的实现，还应依法保障政协委员的知情权、建议权和言论免责权等各项民主权利，这也应当是人民政协协商民主法制化的重要标志。

结束语

由于基层协商民主是一个全新的事物，要在中国推行并取得实实在在的成效，最终还有很长的路要走。通常来说，一个新的方案是否可行取决于两点：一是是否有采用新做法的动力或足够大的压力；二是是否有相应的能力。协商民主的动力来自中国基层居民公共利益的增多以及居民对公共利益的强烈关注，他们希望有更多的影响和参与公共利益分配的机会。协商民主的压力来自于当前中国共产党所倡导的治理能力提高、制度改革和创新以及地区之间的领导竞争机制。而协商民主的能力，则需要在实践中长期锻炼和培养出来。随着中国对外开放的深入，越来越多的外部信息进入，干部知识化、年轻化趋向及其出国考察和学习的经历等，也提高了干部特别是地方党政领导对新事物的尝试和接受能力。鉴于此，我们的研究目标是借助于一些地区已经实行的协商民主实践，来探究在中国基层施行协商民主究竟有多大的可能性。

从基层协商的实践来看，如何保障协商平等的问题比较突出，这也是协商民主实践持续发展和成效显现的重要问题。沃尔泽在其正义理论中提出“堵塞交换”概念，旨在对有权者和有钱者的自由进行限制。在他看来，通过限制交换，达到制止某一或某些物品被某人或某些人所控制与支配情况的出现，从而可以大大地降低不平等现象①。这种有条件的限制是建立复杂平等的必要条件。沃尔泽的理论为我们在中国推行协商民主、减少社会不平等的影响提供了一个思路，这就是在协商民主过程中，我们必

---

① Michael Walzer, *Spheres of Justice*: *A Defense of Pluralism and Equality*, Oxford: Blackwell, 1983, P315.

须通过各种制度设计来限制权力和金钱对协商的影响，即通过设计堵塞机制和制度，阻隔或者尽可能减少社会不平等对协商民主的影响。但必须承认，有些不平等的影响不是理性设计所能遏制的，例如不同阶层的不同表达能力是长期在社会生活实践中形成的，不可能通过一两次协商议事会就能消除，只有通过长期不懈的民主协商和多方面的努力，才能不断提高大家的行为表达能力。不过，通过对现有的协商议事会进行充分的分析和总结，在程序设计上进行相应的完善和改进，遏制某些不平等，还是可以做到的，例如进一步限制社区干部的主导作用，要求他们对每一项发言做出相应的回应，而不能根据他们自己的偏好做出选择性的回应等。值得指出的是，如果这样的协商议事会持续开下去，那么引进其中的平等对话和决策机制，就会产生解构现实中社会不平等的功效，从而遏制社会不平等对人们生活的影响，促进中国基层民主的发展。

随着中国特色社会主义进入新时代，基层政协协商民主作为引领新时代基层协商民主的重要实践，承载着广大民众对新时代基层民主政治改革的新期望，南京市秦淮区政协推进协商民主在实践中的不断探索，涌现出了基层协商民主的新形式和新机制。但是，有些街道在具体实践中协商机制发挥效果并不明显，还有待进一步完善，要继续深化协商民主机制改革，未来基层政协协商民主还有很长的路要走。通过对瑞金新村社区协商议事会的实验和实践的研究分析，我们可以看出，虽然秦淮区政协构建基层协商民主制度与渠道的实践探索时间不长，社会协商对话制度的平台、组织、程序、规则、方式、方法、议题尤其是时效性等还需进一步整合、完善，还有待于实践的检验，但是，瑞金新村社区的协商议事会制度在一定程度上实践了一些协商民主的理念和原则，比如参与平等、概率平等、决策平等、相互尊重等，因此，秦淮区政协推进协商民主虽有一些成效，但今后的工作仍然任重道远。

随着全面深化改革的序时推进，互联网与大数据技术的广泛应用，我国的国家治理体系和治理能力现代化水平不断提高，这就为推进协商民主实践的发展提供了巨大的发展机遇和丰沃的土壤。秦淮区政协应积极根据本地发展实际，从协调政社关系、完善相关制度保障体系、培育民主文化氛围、创新协商民主形式等方面开创基层政协协商民主实践的新路径。

参考文献

（1）《马克思恩格斯选集》（第1~4卷），人民出版社1995年版。

（2）《马克思恩格斯文集》（第1卷），人民出版社2009年版。

（3）《毛泽东选集》（第4卷），人民出版社1991年版。

（4）《周恩来统一战线文选》，人民出版社1984年版。

（5）《邓小平文选》（第2卷），人民出版社1994年版。

（6）习近平：《在庆祝中国人民政治协商会议成立65周年大会上的讲话》，《人民日报》2014年9月21日。

（7）习近平：《决胜全面建成小康社会　夺取新时代中国特色社会主义伟大胜利——在中国共产党第十九次全国代表大会上的报告》，人民出版社2017年版。

（8）《习近平谈治国理政》（第二卷），外文出版社2017年版。

（9）北京大学哲学系外国哲学史教研室编译：《十八世纪法国哲学》，商务印书馆1963年版。

（10）陈家刚主编：《协商民主》，上海三联书店2004年版。

（11）陈家刚：《协商民主与当代中国政治》，中国人民大学出版社2009年版。

（12）陈家刚主编：《民主决策》，中央编译出版社2013年版。

（13）陈家刚：《协商民主与国家治理》，中央编译出版社2014年版。

（14）陈剩勇、何包钢主编：《协商民主的发展：协商民主理论与中国地方民主国际学术研讨会论文集》，中国社会科学出版社2006年版。

（15）陈剩勇、钟冬生、吴兴智等：《让公民来当家——公民有序政治参与和制度创新的浙江经验研究》，中国社会科学出版社 2008 年版。

（16）程彬：《基层民主协商制度研究》，上海人民出版社 2015 年版。

（17）高建、佟德志主编：《协商民主》，天津人民出版社 2010 年版。

（18）高建、佟德志主编：《基层民主》，天津人民出版社 2010 年版。

（19）高建、佟德志主编：《中国式民主》，天津人民出版社 2010 年版。

（20）韩冬梅：《西方协商民主理论研究》，中国社会科学出版社 2008 年版。

（21）韩冬梅、杨国军主编：《人民政协与协商民主》，中央文献出版社 2015 年版。

（22）韩福国主编：《基层协商民主》，中央文献出版社 2015 年版。

（23）韩延龙、常兆儒：《中国新民主主义革命时期根据地法制文献选编》（第一卷），中国社会科学出版社 1981 年版。

（24）韩玉芳、林泉等：《民主执政与民主发展》，知识产权出版社 2012 年版。

（25）何包钢：《协商民主：理论、方法和实践》，中国社会科学出版社 2008 年版。

（26）黄国华等：《中国社会主义协商民主思想史稿》，西南交通大学出版社 2013 年版。

（27）李贺林、左宪民：《中国特色协商民主研究》，中共中央党校出版社 2008 年版。

（28）李捷、尹汉宁主编：《中国需要什么样的民主》，学习出版社 2017 年版。

（29）李景治、熊光清等：《当代中国政治发展与制度创新》，中国人民大学出版社 2009 年版。

（30）《李维汉选集》，人民出版社 1987 年版。

（31）林岗、张宇：《马克思主义与制度分析》，经济科学出版社 2001 年版。

（32）林尚立：《当代中国政治形态研究》，天津人民出版社 2000 年版。

（33）林尚立：《党内民主——中国共产党的理论与实践》，上海社会科学院出版社 2002 年版。

（34）林尚立：《建构民主——中国的理论、战略与议程》，复旦大学出版社2012年版。

（35）刘富起：《分权与制衡评析》，吉林大学出版社1987年版。

（36）六安县地方志编纂委员会编：《六安县志》，黄山书社1993年版。

（37）卢文华：《中国共产党民主执政研究》，人民出版社2007年版。

（38）毛寿龙：《政治社会学》，中国社会科学出版社2001年版。

（39）牛旭光：《中国政治民主研究》，中国人民大学出版社2012年版。

（40）庞金友：《现代西方国家与社会关系理论》，中国政法大学出版社2006年版。

（41）浦兴祖主编：《中华人民共和国政治制度》，上海人民出版社1999年版。

（42）全国政协办公厅编写组编：《政协委员手册》，中国文史出版社2007年版。

（43）《十八大以来重要文献选编》（上），中央文献出版社2014年版。

（44）孙存良：《当代中国民主协商研究》，中国社会出版社2009年版。

（45）谈火生主编：《审议民主》，江苏人民出版社2007年版。

（46）王沪宁：《政治的逻辑：马克思主义政治学原理》，上海人民出版社2017年版。

（47）王海稳：《民主技术与当代中国民主政治发展》，中国社会科学出版社2013年版。

（48）王浩斌：《中国新的社会阶层有序参与民主政治建设研究》，中国社会科学出版社2010年版。

（49）王洪树主编：《社会协商对话》，中央文献出版社2015年版。

（50）王民朴、万远英、钟兴明：《中国特色社会主义民主政治发展道路研究》，人民出版社2011年版。

（51）谢岳：《当代中国政治沟通》，上海人民出版社2006年版。

（52）徐久刚、冯进成、刘润民：《中国民主政治研究》，人民出版社2006年版。

(53) 俞可平：《治理与善治》，社会科学文献出版社 2000 年版。

(54) 俞可平：《基层协商民主》，中央文献出版社 2015 年版。

(55) 杨光斌等：《中国民主：轨迹与走向》，中国社会科学出版社 2015 年版。

(56) 杨海蛟主编：《新中国政党关系发展历程》，世界知识出版社 2011 年版。

(57) 杨海蛟主编：《新中国民主建设历程》，世界知识出版社 2011 年版。

(58) 杨绪盟：《民主发展：规则及政党的角色》，人民出版社 2016 年版。

(59) 张炜：《公民的权利表达及其机制建构》，人民出版社 2009 年版。

(60) 郑维伟主编：《民主理论与中国政治发展》，上海社会科学院出版社 2016 年版。

(61)《中国共产党第十七次全国代表大会文件汇编》，人民出版社 2007 年版。

(62) 中国人民政治协商会议全国委员会研究室、中共中央文献研究室第四编研部编：《老一代革命家论人民政协》，中央文献出版社 1997 年版。

(63)《〈中共中央关于全面深化改革若干重大问题的决定〉辅导读本》，人民出版社 2013 年版。

(64) 周友苏等：《社会协商论》，人民出版社 2017 年版。

(65) [澳] 迈克尔·A. 豪格、[英] 多米尼克·阿布拉姆斯等著，高明华译：《社会认同过程》，中国人民大学出版社 2011 年版。

(66) [澳] 约翰·S. 德雷泽克著，丁开杰译：《协商民主及其超越：自由与批判的视角》，中央编译出版社 2006 年版。

(67) [德] 哈贝马斯著，童世骏译：《在事实与规范之间——关于法律和民主法治国的商谈理论》，生活·读书·新知三联书店 2003 年版。

(68) [法] 卢梭著，李阳译：《社会契约论》，作家出版社 2016 年版。

(69)［法］托克维尔著，董果良译：《论美国的民主》，商务印书馆2017年版。

(70)［美］阿伦·利普哈特著，李帕特、陈崎译：《民主的模式——36个国家的政府形式和政府绩效》，北京大学出版社2006年版。

(71)［美］阿米·古特曼、［美］丹尼斯·汤普森著，杨立峰等译：《民主与分歧》，东方出版社2007年版。

(72)［美］本杰明·巴伯著，彭斌译：《强势民主》，吉林人民出版社2006年版。

(73)［美］道格拉斯·C. 诺斯著，刘守英译：《制度变迁与经济绩效》，上海三联书店1994年版。

(74)［美］道格拉斯·C. 诺斯著，陈郁等译：《经济史中的结构与变迁》，上海人民出版社1994年版。

(75)［美］戴维·伊斯顿著，王浦劬译：《政治生活的系统分析》，华夏出版社1999年版。

(76)［美］戴维·赫尔德著，燕继荣译：《民主的模式》，中央编译出版社2004年版。

(77)［美］弗朗西斯·福山著，毛俊杰译：《政治秩序的起源：从前人类时代到法国大革命》，广西师范大学出版社2012年版。

(78)［美］霍华德·威亚尔达主编，榕远译：《民主与民主化比较研究》，北京大学出版社2004年版。

(79)［美］加布里埃尔·A. 阿尔蒙德著，曹沛霖等译：《比较政治学：体系、过程和政策》，上海译文出版社1987年版。

(80)［美］加布里埃尔·A. 阿尔蒙德、西德尼·维巴著，马殿君等译：《公民文化：五国的政治态度和民主》，浙江人民出版社1989年版。

(81)［美］卡罗尔·佩特曼著，陈尧译：《参与和民主理论》，上海人民出版社2006年版。

(82)［美］科恩著，聂崇信等译：《论民主》，商务印书馆2005年版。

(83)［美］拉塞尔·哈丁著，刘春荣等译：《群体冲突的逻辑》，上海人民出版社2013年版。

(84)［美］罗伯特·达尔著，李柏光等译：《论民主》，商务印书馆

1999 年版。

(85)［美］罗伯特·达尔著，顾昕等译：《民主理论的前言》，生活·读书·新知三联书店 1999 年版。

(86)［美］罗伯特·D. 帕特南著，王列、赖海榕译：《使民主运转起来》，江西人民出版社 2001 年版。

(87)［美］迈克尔·罗斯金著，夏维勇等译：《国家的常识；政治·地理·文化》(第 10 版)，世界地图出版社 2013 年版。

(88)［美］迈克尔·罗斯金等著，林震等译：《政治科学》，华夏出版社 2001 年版。

(89)［美］马克·沃伦著，吴辉译：《民主与信任》，华夏出版社 2004 年版。

(90)［美］乔恩·埃尔斯特著，陈秀峰等译：《政治心理学》，吉林出版集团有限责任公司 2010 年版。

(91)［美］塞缪尔·亨廷顿著，王冠华等译：《变化社会中的政治秩序》，上海三联书店 1989 年版。

(92)［美］塞缪尔·亨廷顿著，刘军宁译：《第三波——20 世纪后期民主化浪潮》，上海三联书店 1998 年版。

(93)［美］托马斯·戴伊著，梅士译：《谁掌管美国——卡特时代》，世界知识出版社 1980 年版。

(94)［美］沃尔特·李普曼著，阎克文等译：《公共舆论》，上海人民出版社 2006 年版。

(95)［美］亚历山大·汉密尔顿、约翰·杰伊、詹姆斯·麦迪逊等著，张晓庆译：《联邦党人文集》，中国社会科学出版社 2009 年版。

(96)［美］约·埃尔斯特主编，周艳辉译：《协商民主：挑战与反思》，中央编译出版社 2009 年版。

(97)［美］约翰·罗尔斯著，何怀宏等译：《正义论》，中国社会科学出版社 1988 年版。

(98)［美］约翰·罗尔斯著，万俊人译：《政治自由主义》，译林出版社 2000 年版。

(99)［美］约瑟夫·熊彼特著，吴良健译：《资本主义、社会主义与民主》，商务印书馆 1999 年版。

（100）［美］詹姆斯·博曼著，黄相怀译：《公共协商：多元主义、复杂性与民主》，中央编译出版社 2006 年版。

（101）［美］詹姆斯·博曼、威廉·雷吉主编，陈家刚等译：《协商民主：论理性与政治》，中央编译出版社 2006 年版。

（102）［美］詹姆斯·M. 布坎南，戈登·塔洛克著，陈光金译：《同意的计算：立宪民主的逻辑基础》，中国社会科学出版社 2000 年版。

（103）［美］赵志裕、康萤仪著，刘爽译：《文化社会心理学》，中国人民大学出版社 2011 年版。

（104）［南非］毛里西奥·帕瑟林·登特里维斯主编，王英净译：《作为公共协商的民主：新的视角》，中央编译出版社 2006 年版。

（105）［英］安东尼·阿伯拉斯特著，孙荣飞等译：《民主》，吉林人民出版社 2005 年版。

（106）［美］安东尼·吉登斯著，李康等译：《社会的构成》，上海三联书店 1998 年版。

（107）［美］胡安·J. 林茨、阿尔弗莱德·斯泰潘著，孙龙等译：《民主转型与巩固的问题：南欧、南美和后共产主义欧洲》，浙江人民出版社 2008 年版。

（108）［英］马修·费斯廷斯泰因著，王勇兵译：《协商、公民权与认同》，《马克思主义与现实》2004 年第 3 期。

（109）［英］齐格蒙·鲍曼著，洪涛等译：《寻找政治》，上海人民出版社 2006 年版。

（110）［英］约翰·邓恩编，林猛等译：《民主的历程》，吉林人民出版社 1999 年版。

（111）Jon Elster and Rune Slagstad eds.，*Constitutionalism and Democracy*，Cambridge：Cambridge University Press，1993.

（112）Jorge Valadez，*Deliberative Democracy*，*Political Legitimacy*，*and Self-Democracy in MulticulturalSocieties*，New York：Routledge，2018.

（113）Philip Kurland and Ralph Lerner，“The Founders'Constitution”，*Ethics*，1988，Vol. 99，No. 1，pp. 147–154.

后　记

本书是我承担的江苏高校哲学社会科学研究重大项目的研究成果。课题立项后在课题组成员的共同努力下，项目的研究工作如期完成，顺利结项。在准备出版的时候，我们又认认真真地进行了修改和完善，几易其稿，这本书稿才得以最终付梓。

这本书虽然是由我统稿的，但其是集体智慧的结晶，曹帅、鲍跃华、朱晨晨、唐世杰、刘晓婷、韩同赟、李金锋等同志参与了课题的资料搜集、调研、文稿校对，以及部分内容的撰写等工作，在此一并向他们表示感谢。另外，还要感谢合肥工业大学出版社责任编辑高效而又细致的工作，才使这本书能够顺利出版。

基层协商民主与基层政协是很有研究价值的论题。由于才疏学浅，我们的研究还很不成熟，书中可能还存在一些不足之处，祈请学界同仁和读者批评指正。我们今后也会继续深入研究这一课题，争取获得更多更好的研究成果。

许开轶

2019 年秋　于石头城

图书在版编目(CIP)数据

基层协商民主与基层政协/许开轶等著．—合肥:合肥工业大学出版社,2019.12
ISBN 978-7-5650-4800-5

Ⅰ.①基… Ⅱ.①许… Ⅲ.①民主协商—研究—中国②中国人民政治协商会议—地方组织—工作—研究 Ⅳ.①D62

中国版本图书馆 CIP 数据核字(2019)第 297993 号

基层协商民主与基层政协

许开轶　等著

责任编辑　章　建　张　燕
出版发行　合肥工业大学出版社
地　　址　(230009)合肥市屯溪路 193 号
网　　址　www.hfutpress.com.cn
电　　话　总　编　室:0551-62903038
　　　　　　市场营销中心:0551-62903198
开　　本　710 毫米×1010 毫米　1/16
印　　张　13.25
字　　数　202 千字
版　　次　2019 年 12 月第 1 版
印　　次　2019 年 12 月第 1 次印刷
印　　刷　安徽昶颉包装印务有限责任公司
书　　号　ISBN 978-7-5650-4800-5
定　　价　40.00 元